誰的青春不是被吹得東倒西歪

未秧 Winter ——著

讓青春再次盛放

終於，要把我的青春，赤裸裸的攤開在這裡了。

清晨五點二十二分，收到哥倫比亞大學（Columbia University）的回信，原本預計是後天才會得到消息，沒想到竟那麼猝不及防，在我熟睡的時候。

我該直接點開嗎？還是先把房間布置的更有儀式感，再打開這個訊息？又有什麼樣的準備可以降低衝擊的傷害？我很害怕，真的很害怕。這封信是我人生前二十四年對於後半生最大的賭注，也可能會因此放棄我的青春，雖然我不想，但一切可能終結於此，也可能重生於今。

The wait is over…
True change starts now.

Congratulations, Winter! You're admitted.
Welcome to Teacher College!

「我錄取了。」

我窩在棉被裡，直盯著手機上簡短的英文單字。發生了什麼事？我不敢動。現在應該做什麼？應該要大叫嗎？還是大哭一場？像一般收到錄取通知的人那樣激動？我忘了該怎麼呼吸，此時此刻，我停止了老化，這一瞬間，世界終於因我而稍作喘息。

青春的齒輪，彷彿又開始重新轉動。

青春，這一場飢渴卻快樂的階段性突變，在這本書中，我的青春不斷的灰飛煙滅，又再次的死灰復燃。

我想每個人都曾經歷過一場青春，或者正在經歷這場浩劫。青春，並不能用一個歲數來定義它的開始與結束，它可以是因為一個人或者一件事結束，也隨時都有重新開始的可能。就像我曾經以為我的青春會停在二十二歲的那場分手，沒想到如今將再次盛放。

這本書寫下了我的十八歲到二十四歲，從初戀到失

戀、高中到大學畢業、失業到創業，到現在即將坐上飛往哥倫比亞大學的飛機。在這些日子裡，我小心翼翼的記錄著身旁人們的故事，偷偷記住所見之人的成功與失敗，我笑著也寫、哭著也寫，偶爾隔天起床看著自己寫的故事，都會十分困惑這真的是我寫出來的文字嗎？

但這就是青春的有趣之處。

每天變異，無可避免的變異，但又能在各種變異下學習與成長。只要我們能夠坦然的看待自己、努力的綻放自己。

成功固然好，但失敗難免；快樂如常，但悲傷難防。寫下成功當下的激昂，但不羞於面對曾經走過的失敗，或許要經歷一千萬次的心碎，卻還是保有追求幸福的可能。

人生怎麼這樣，青春就是這樣。**追尋桃花源的路途，**

無可避免的還是會彎彎繞繞，但就是那些黑暗成就了後來的明媚。

成功與失敗、孤獨與狂妄、愛戀與背叛、美好與黑暗，這本書中的四輯，對應著生活中最大的四個面向，我們不斷掙扎，但人生沒有所謂的答案。

不過，誰的青春不是被吹得東倒西歪，還是奮力屹立不搖。

願我們的青春盛放、凋零。
願我們的青春勇敢再次盛放，勇敢再次凋零。

作者序

輯二
一直在變好的路上，無所畏懼

輯三
人生很難，所以要明目張膽的去愛

輯四

那些在這個時代，裂縫中的事

選擇喜歡的生活，
沒有對錯

不用擔心一切努力會功虧一簣，快跑吧！
只要再堅持一下，一個奇蹟就要發生了。

人生沒有什麼事情叫做失敗

「我從來沒有失敗過。」不知道爲什麼，我可以如此信誓旦旦的說出這句話。

或許，是我對「失敗」的定義跟大家不太一樣。但這不代表我有多麼成功。於我而言，成功與失敗也並非對立的兩面，它們都是某件事情的結果，若今天這件事停在我們期待且心滿意足的階段，也許就稱之爲成功；可是若停在一個並非心中所預想的地方，對尋常人來說，大概就是失敗了。但我不這麼想，我認爲只是在此刻還有沒成功罷了。

事情是否停止總在我們一念間。**要不要停下腳步，完全是由自己所掌控，因此我從來沒有讓任何努力停止，也就沒有失敗過。**

我曾與好友K說過這件事，K問我：「若今天考試就是考了你不會的題目呢？若今天就是不幸遇到金融海嘯了呢？」多數聽到我這樣說的人也會這麼想。但我的回答是：「我想我的努力就不是單指這次考試了。我可以在這次段考時摔了一跤，但大學學測考上了理想的志願；若是遇到金融海嘯，那我這一生的追求就不會只是一次生意上的成功，而是直到晚年都能無經

濟之憂吧！」

世事本就無常，要不要在這個節骨眼做個定論、有個結果，本來就是自己可以決定的事，雖然外在環境還是會趁機爲我們貼上許多標籤，但那之後我們再一一撕下來便是了。

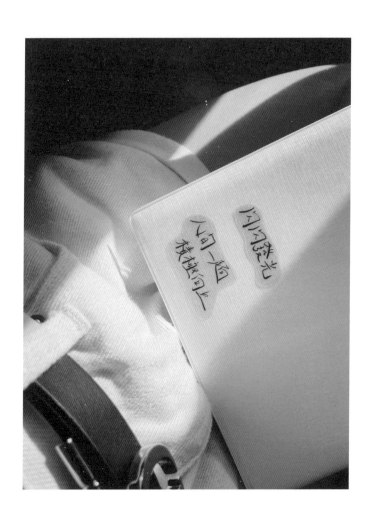

標籤不是胎記，撕下來便是。

365天後，就會發生一個奇蹟

有些事，我知道日復一日看似毫無意義。好比清晨的一句晚安、道別前的最後一個擁抱，你並不是因為一句早安就愛上他，也不會因為他多日裡的一碗燒仙草就跟他賭上整個青春。但就是這朝朝暮暮的點滴，促成了一份至愛。

所以如果你正在努力些什麼，勇往直前、奮不顧身吧！我知道每天的努力看似渺小，遠方的海闊天空更是渺茫，**但很多事情的重點並不在於有努力，而是「持續性的」義無反顧。**雖然每天的汗水不值一提，但日日夜夜積累的汗與淚終將成為汪洋。

所以沒有其他路了，快跑吧！快要來不及了，腳底所踩下的每一寸土地才是真正擁有。

跑吧、快向前跑，不要胡思亂想。你知道只要再堅持一下，一個奇蹟就要發生。

別害怕，

不要擔心一切的努力會功虧一簣。

不要問為什麼，
有些事情就是沒有為什麼

不要問為什麼。

不需要去問自己為什麼要這麼做，不需要去問自己為什麼必須努力，沒有時間了，真的沒有時間了，別在辛苦繞一大圈問自己那麼多為什麼之後，才發現徒然浪費了歲月。

你僅僅是太害怕，你只是還不夠勇敢，但命運放在哪裡都是一樣的，自己走出來的路才是扎實的。

接下來，你可能會充滿幹勁、望向遠方；也可能會偶爾，覺得自己像斷線的風箏，不知道回頭看哪裡是故鄉。但不要忘記，這只是一生當中其中一趟必須由你獨自走完的旅程。

你正飛翔，正如你期盼中的模樣，往夢想飛去。

知道走這一趟的你，是為了要解決那些一直困擾自己的事，那些扎在心裡一輩子的刺，好比說故鄉、好比說悲傷。這一切絕對可以解決的，終究會走過，但你必須熬過這一趟，就這一趟。

唯有不斷振翅，才能不被擊落。

不能回頭。因為這次，你是真的為了自己，不為誰眼裡的期待、不為誰口中的將來。很簡單的，你一直都知道這件事是為自己好。所以要好好的，百分之百的對自己好一次。

對自己好一點，想想過去的自己，

想想現在的自己，想想未來的自己。

04

遠方到底在哪裡？

很多話真的很難在某個年紀，或者某個狀態下聽進去。像是小時候最常聽到的：「當學生的時候最快樂。」每個人聽到那些所謂的「老人」訴說這些感嘆的心情時，都是笑笑帶過。

但接下來，我們就會開始聽到：「畢業後的時間會過得很快，一下子就三十歲了。」之前我聽到這種話也是笑笑帶過。但最近這一句句話，都開始赤裸地站在眼前，我竟然即將「不可避免的」成為理解這些話的「老人」。

實話實說吧！剛畢業的時候，至少到去年為止，對於未來、工作、感情，我都是興奮的。但兩年過去，看著身邊的朋友從事著各式各樣的工作，再看看自己，兼做公司所有的雜工，我們就像在地鐵站裡竄來竄去的小灰鼠，在地底下埋頭的一直跑、一直跑，這邊沒有食物就往那邊跑，那邊沒有食物就想辦法往下面鑽。我們連休息都有合理且不會造成太大損失的規劃，總是埋頭苦幹著，完全沒有時間跟心力思考遠方在哪。

但遠方到底在哪裡？這真的是一個好難的問題。

若要抵達一個遠方，我們必須先熬過無窮無盡的黑暗期，就像電影裡面都會出現的場景，穿越很長、很長又漆黑的隧道之後，前方終於出現了一點亮光，才能爬出去，彷彿來到精靈國度。

但在這個世代，又有多少人能撐到那個遠方呢？若有兩千三百萬人都與你一起生活在洞穴裡，有吃有住，那「與眾不同」就顯得標新立異了。

或許，最近年齡這個數字又將變動，所以我感到很焦慮也很茫然。很多人問我，你幹嘛焦慮呢？第一本書非常暢銷啊！你還有自己的公司，還有自己的頻道與粉絲。但不是這樣的。

我想，我比任何人都還要焦慮、都還要緊張，不是因為我成功，也不是因為我貪婪。「焦慮」，是心底知道自己離想要成為的樣子，還有一段不可能的差距，而這段「路程」令人迷茫與沮喪。

「迷茫」這個詞在現代社會真的是用得太氾濫了，想來想去，我們一輩子都在迷茫呀！迷茫要讀高中還是高職、迷茫要選自然組還是社會組、迷茫要選校還是

選系、迷茫要直接工作還是考研究所、迷茫要不要結婚、迷茫要不要換工作。

到底是真的迷茫，還是太過汲汲營營，太過因循怠惰，沒有花心力與時間思考自己的「迷茫」，只想用這個詞推託所有事情的責任，就不得而知了。

沒有人知道明天會發生什麼，也沒有人知道哪一條路才是對的。

但希望下次再迷茫的時候，自己不要像隻灰頭老鼠竄來竄去的，好像時時刻刻都必須上緊發條、必須要奔跑向前，希望自己可以變得更加優雅，還有從容。

前仆後繼的擁抱風險

當你發現自己被迫在「放棄自我」與「被世界放棄」中輪迴，真的有必要為了穩穩站在平衡點上而持續轉動嗎？像是踮起腳尖站在尖峰跳著芭蕾舞的人。

就像某一天，你試圖為自己的人生做出翻轉命運的選擇，甚至顛覆社會價值觀的決定。雖然全世界的人都跟你說「不可能」，但這次，你埋著頭選擇不要放棄，相信自己是對的，繼續走下去。

或許你真的對了，但下一次又要做出一個改變世界的行動時，這個世界還是會狠狠地跟你說「不可能」。也許，你又會再一次選擇放棄世界，或者經過無限的循環之後，你再也沒辦法放棄這個世界。

因為這個世界太小，充斥著所愛之人的聲音、想法與期待，你再也無法背離他們。也因為一路上太孤單，所以就在某次的某個瞬間，選擇放棄自己，也算放過自己，而這也是這條路上的最後一個選擇。

長大之後，這樣的輪迴不知道得經歷過多少遍，有些人可能從不打算進入這樣的循環之中；有些人則很努力的不斷割捨、放棄不理解他的世界，他或許是對

站在前進路上的尖端擁抱風險，

偏了、歪了也總會再次回到軌道上。

輯一　選擇喜歡的生活，沒有對錯

的，但在眾人面前，不論他有多麼成功、多有能力、多麼堅強，半夜還是會偷哭，即使他擁有無數財富、名利、做了多少好事都不重要。重點是人生的路上，他都在為別人點燈，從沒有人為他點燈，他也沒為自己點過燈。

但這是他的選擇。只是我漸漸發現有些事情，真的只能維持著恐怖平衡，**睡前放棄自己、睡醒放棄世界，才能邊哭邊跑的向前。**

最近聽到最想留住的一句話：「前仆後繼的擁抱風險。」

每一天、每一次的「再平衡」，都抱持著粉身碎骨的風險，一不小心就會墜落。只期待在沒有找到更好的方式之前，可以持續擁抱站在尖端上的風險。稍微偏左的時候，就拉回來一點；稍微偏右的時候就往左邊站一點，一輩子前仆後繼的擁抱風險，不怕墜落，也不會墜落。

努力成為一個幸運的人

一次深夜，家裡開著幾盞微弱的氛圍燈，K坐在這個家的另一個角落，左手拿著混著冰塊的威士忌對我說：「其實你算是一個蠻幸運的人，Winter。」

K是我在一次創作者聚會上認識的朋友，他與我有非常多相似之處，我們讀書、我們創業、我們一起遊戲，我們也都很瞭解對方曾經深陷在許多的掙扎與痛苦之中。

K的表情是嚴肅的，像是經過一番仔細的評估。其實我很討厭別人說我是「一個幸運的人」，但在這個當下，我想不到什麼理由反駁。

K繼續說著：「Winter你是個聰明人，天生就蠻聰明的，而且你知道要努力，也從很小的時候就很努力，加上本身其他條件不算太差，所擁有的能力大概在這個時代都用得到。所以啊，你真的算是一個幸運的人。」

我還是不喜歡有人這樣講我，因為「努力」這兩個字就這樣被敷衍了事的帶過，沒有人可以用言語呈現出這個字的千斤重與千金不易，但在這個互相買醉的夜

> 或許，我真的是一個很幸運的人吧！
>
> 因為我一直都很努力的成為一個幸運的人。

晚，我也無意與他爭辯。

前幾天，我在網路上發了一支關於「如何成為一個幸運的人」的影片，很多人會把「運氣（Fortune）」、「機會（Opportunity）」、「幸運（Lucky）」這些事情混為一談，但事實上它們截然不同。**幸運並非真的從天而降，我認為是可以創造的，「幸運」甚至是一個完全由自己掌控的目標。**

《真希望我20歲就懂的事》這本書的作者有寫到，這三者最關鍵的不同，就是在於一個人有沒有意識到「自己可以掌握命運的程度」。運氣是「發生在自己身上的事」，原則上就是我們完全無法掌握的命運，像是「出生於富裕的家庭」、「抽獎抽到最大獎」等；而機會是「我們可以掌握部分命運的事」，必須是由我們去展開某個行動，而這個行動會連帶發生許多隨機事件，好比說「主動應徵一個很棒的職缺」、「向喜歡很久的女生表白」等。

最後，我認為「幸運」則可能包含各式各樣「運氣」與「機會」，但也可以算是由自己「完全掌握」的一個狀態，最起碼，「幸運」絕對比前兩者有更大程度

的自我掌控權。以應徵一個很好的職缺來看，若有公司在你尋找工作的時候，開出一個夢想中的職缺，那你的運氣可真是不錯。而你應徵了這個職缺，掌握住這個機會，也順利通過層層考試、面試取得了這個職位，很多人會開始說：「你好幸運啊！拿下了這萬分之一的工作！」這樣看下來，幸運包含的「層層考試與面試」或許才是重點，而這「層層考試與面試」是你透過長時間的努力與準備換來的成果，是多數人難以想像的。

多數時候，連我們自己都忽略了那長時間的積累與勤勤勉勉。

運氣很重要，機會固然也不能忽視，但我一直都認為幸運是可以加值的，而且幸運不分種類、不分科目，不像考試時背單字只能加分英文、算數學只能加分數學，**想像你面前放著一個幸運撲滿，任何種類的努力、任何時間的努力，都可以往這個撲滿裡加值一點**，隨著時間的累積，這個幸運撲滿越來越飽滿，相信我們的人生也會越來越幸福。

請你允許一切發生

請你允許一切發生，好嗎？

請允許一切你覺得不可能的事、你辦不到的事、你堅持不了的事，發生，好嗎？天底下沒有一個夢想是輕鬆的，也沒有任何一個成功，是容易的，當你只看著眼前這些困難時，每件事情當然都很辛苦。但當你翻山越嶺，闖過一道又一道關卡，你會發現身旁的人越來越少，堅持到最後的人剩沒幾個。

最後比的是什麼，比的是誰「允許自己抵達巔峰」。

你允許自己抵達巔峰嗎？你真的曾經好好告訴過自己，你可以嗎？你相信過自己嗎？就算這次不行，但關關難過關關過，下一次「我一定可以再次堅持，直到拔下巔峰的旗幟」。

請允許一切發生吧！連你都不相信自己的努力與堅持，誰又會相信呢？誰又會看見呢？其實我們都知道，我們都是天底下最希望自己閃閃發光的人，只是害怕失敗罷了。

允許一切發生，當你足夠努力，就會一直幸運。

08

我正前往成功的路上

小時候我最常在餐桌上被祖母罵，說我不能在長輩動筷子前先偷吃、不能在碗中剩下任何一粒米、不能吃空心菜只夾葉子不夾梗。

七歲上小學的時候，媽媽說我回家後要先寫完聯絡簿上的作業，再練習三十分鐘的鋼琴，爸爸回來之後會同意我看三十分鐘的電視，從九點看到九點半，接著上床睡覺。

十五歲考高中的時候，我天天放學留下來上第八節、第九節、第十節，老師教我這題怎麼算、這題怎麼想，那年是第一屆會考，每天都拿著歷屆學長姐的佳作在背，背他們的夢想、背他們的人生。

十八歲，我很平凡，於是上了大學，多了自由。很多人告訴我上大學後要怎麼做，我在網路上看了別人怎麼過，教授跟我說了很多、學長姐也教了我不少。

十九歲，我繼續寫著，寫著十八歲給自己的承諾：出一本書。有人跟我說，你應該去參加文學獎、應該多看看別人寫的書；也有人跟我說出書不賺錢，不用想了。但我閒來無事，一年三百六十五天，繼續寫著。

二十歲、二十一歲，要畢業了，有些人跟我說可以先去工作，知道自己要什麼，再去讀研究所；爸媽叫我直接去讀書，不要多想就去讀書，因為開始工作就不會再想拿起書本。所以我又上網看了看，看大家都做什麼，說起來真奇怪，別人做什麼，到底跟我的人生有什麼關係。

二十二歲，拿到出版合約、開始經營YouTube頻道、創立公司的時候，好多人告訴我要怎麼做、要做什麼，我不應該這樣、我應該那樣。**我知道經驗寶貴，也知道過來人的建議無價，但成功的方法有無限可能。**

有一次我在臺中誠品的新書發表會上，說我最討厭別人跟我說的一句話，就是當我跟他滔滔不絕分享我的新點子，想發明什麼、想創造什麼的時候，他對我說：「你的想法一定有人想過了，也有人做過了，不要想到什麼點子就覺得自己獨一無二。」

這句話很真實、很實際，以機率來說，其實也很具有參考性，對方沒有說錯，不過我想告訴他，世界上很多人我知道，世界上有夢想的人很多，我也知道，但

每個人所處的人、事、時、地、物都不一樣，我不會
跟任何人一樣。

如果我暫時失敗了一定會痛，但我也會因此而改變、
因此而成長，所以我能更好。我會知道自己的錯誤、
修正自己的決策，然後走向想要的地方。我不會說那
個地方是成功，因為成功在激昂的努力面前，微不足
道。

我會做我自己，而我也相信我會繼續成功。

我相信我會因為常人眼中的不斷失敗，

而不斷成功。

人生就是用來不斷的超越

2022年我的第一本書出版後，博客來捎來一封信想進行一個採訪，其中一個問題寫道：「你的願望是什麼？」

突然看到這個問題，遲疑了一下，我似乎從來沒有想過這個問題，而現在想像未來的我也是霧茫茫一片，但這並不表示我的未來一片漆黑或沒有目標，反而是雲霧之後有無限可能與機會，充滿挑戰且毫無設限。

所以每當一年結束又要迎接新年時，照慣例不喜歡許什麼實際的願望，像是明年要做到什麼事，或者一定要完成什麼事，只是**期待自己，不斷超越自己的想像，超越這輩子的所見所看與束縛我的世俗框架，也不用過去的經驗規劃自己的人生。**

初心不忘，青春未央。

期待自己超越束縛的框架，挑戰無限可能。

相信自己、望向遠方

致你。

你害怕了，對不對？你一直都很擔心，所以猶豫、因此遲步，不用承認，也無需否認，很多時候堅強是一種選擇，不是與身俱來，就像成熟，不是理所應當。

當然害怕，世界擁擠、城市嘈雜，你不想被淹沒，所以還是硬著頭皮向前。我知道你有多努力，但其實你壓根兒不知道自己到底想去哪裡，現在又是走往何方。

就算贏，也覺得自己贏得不明不白，你在爭什麼、你在贏什麼，你什麼都不知道。只是贏了，人們就會興高采烈；只是贏了，就有叫人閉嘴的權利。不知道為什麼總是要一較高下，不知道為什麼落後一點就要被分門別類，不知道為什麼，數字代表那麼多事情。

害怕了，不是害怕失敗，而是害怕奮不顧身換來的終究是一眼同情、一句惋惜。知道什麼叫勇敢、明白什麼是勇者，但誰能予我們寬容，予我們失敗的機會，給我們再次站起來的時間。其實站起來只要一下下，但被定義、被標籤，卻是用一輩子去計量。

不想冒著被分類的風險，所以載浮載沉，一切只是得過且過。落淚並非弱者，我們從不吝嗇為自己拭淚，**痛苦不應該被客觀定義、努力不應該用視覺量化，我們都是人，但每個人有所不同。**

下面這段話，是我夜半寫下來給自己的建議，現在想分享給你，不是建議，是命令。

「將世界拋在腦後，世間嘈雜、人世炎涼，但這些都無關緊要。不要為自己的努力感到羞恥，不要再做自己最大的酸民，不要未雨綢繆、不要戰戰兢兢，不要再用自己的想像定義未來的極限、不要再否定自己的人生能耐，你將翩翩起舞，我們堅定而勇敢。」

相信自己、望向遠方，凡是過往、皆為序章。

11

不要拿別人的成功，來懲罰自己

又到了放榜的時刻，多人來跟我分享自己考上什麼學校，說自己盡力了，對結果的滿意或不滿意；當然，我也還記得那種感覺，努力了三年，聽起來好長，想起來更是一場青春。得到的結果，好的話當然欣喜若狂，發文的發文、父母驕傲的驕傲；但糟的話，關上門，一句話也不說，大家就知道發生了什麼事。

許多事情要分開來看，可惜多數人做不到。那是他們的錯，不是你的問題。我指的是：成績、學校、智慧、聰明，還有個人價值。

有些人很聰明，但充滿心機或各種手段；有些人讀很好的學校，或許家裡有錢，或許十年寒窗。但無論如何，最後別人與你的相處，別人對你的信任，終究得回歸到個人本質的智慧與價值，所以，千萬不要在某場考試或比賽中迷失了自己。

人生很長，十五歲上高中、十八歲上大學，所以到最後比的是什麼呢，我總在想，真要比，最後應該是比誰的棺木用得比較好吧？誰安眠的地方有依山傍海的地勢吧？雖然說過頭了，但比較似乎永遠沒有盡頭。

若你能一直前進，無論外界如何定義你、世界如何評價你，今天的你就是比昨天更好。

沒有時間灰心喪志、沒有時間質問老天爺的不公，沒有人在比中繼站的。短時間來看，或許會考、學測、三十歲、四十歲、退休都是某個階段的終點，但用一輩子來看，就只是這幾年遊走的靠岸，誰能在這座島上繼續為未來準備、充實自我價值、把握每分每秒的學習機會，才是上策。

那天跟E在聊天，他是一個我相信一定會成功的人。我跟他說了自己的故事，總而言之就是：「時間一定會報答你的。」所謂的一萬小時定律，就是當你一件事情做了一萬個小時，就能成為這個領域的菁英或領袖。

雖然有人否定了這個想法，但我相信且肯定時間帶給所有事情的價值，要相信，不論之前所花的時間比別人少些或多些，但現在還有時間，繼續向前走就是了。

在第一本書的新書分享會中，有一名男大生拿著我

的書來給我簽名，他問我是否能親筆寫下這句話，這句話陪伴了他一整路的轉學考，給予他無以撼動的力量。所以這次，我也再次寫下來：「不要拿別人的成功，來懲罰自己。」

時間總會報答你，

把握每分每秒機會才是上策。

12

不須因為現實，而壓縮自己的夢想

小時候的作文題目一定都有寫過：「我的夢想」。你曾寫下的是什麼呢？現在達成了嗎？還是早就被你遺忘了呢？

小時候的也曾經想要當空姐、想要當明星，甚至想要當總統。上高一那年的輔導課，老師要我們在課本上寫下未來的志願，而空格有三格，在之後高二、高三的開學，老師會再叫我們寫下一次。高一的時候，我寫下想當太空人，十五歲的我不知道為什麼會有勇氣寫下這幾個字。等升上高二後，重新拿到同一本輔導課本，當我一看到太空人這三個字，便用立可白塗掉，換上了跟大部分同學一樣的夢想：作家、醫生、律師。

其實沒有人有錯，**小時候的雄心壯志不是錯，長大後的腳踏實地也不是錯**。父母親、師長、朋友，甚至這個世界、所有人都沒有錯，人是群體生活的動物、是有語言的動物、是有情感的動物，會受到他人想法的簇擁、受到別人言語的影響，受到這個社會趨勢、這個時代潮流浪潮的推動，**特立獨行並不好受，堅持初衷更需要勇氣。**

儘管有時我們只是「正在」或者「想要」去做一件自己「真正」想做的事，但當這件事情不是大家所期望、不是多數人所認同的時候，難免會開始懷疑是不是自己的喜好與直覺不夠正確，因此縮小自己的夢想，好讓它符合現實的框架；壓縮自己的野心，才不怕它被世界指責。

與其相信那些偉人、名人的故事會發生在自己身上：「忍受嘲諷、走過冷落，便會抵達人人稱羨的成功」，不如默默的、靜靜的在川流不息的人潮之中埋沒。

起碼，不會孤單。

人們總是喜愛經由社會汰換出來的法則，給予後輩建議或提醒。或許只是希望這輩子能走得安穩些、走得順遂些，就算為了生活必須有現實的考量，卻從來沒有人告訴過我們，那些曾經在心裡萌芽過的雄偉的、艱難的、大膽的目標，其實都存在著一定的機率可以實現。

或許有一天真的會達到，只是要努力的記在心裡，然

後規劃長遠一點的時間，一步一步地慢慢走去。

不須縮小自己的夢想，

更不該壓縮自己的野心。

13

終究會成為自己想要的樣子

夜深人靜的，睡不著。

上禮拜諮商師Y看著我說：「到頭來，你還是來了。」
「繞了那麼大一圈，五、六年過去，你還是回到了當
初跟我說過的夢想的地方，終於要去美國讀書了。」

當初這個夢想在心中萌芽時，我才高中，努力的讓自
己朝它邁進，近到讓夢想成為理所當然的未來。

高中三年過去、大學四年過去，出了社會，現在回
想起當初的夢想，已離我太遠，遠到只是年少時的無
知，小時候不懂事的癡心妄想。

但這個夢想一直是個遺憾，狠狠的扎在心中，就像那
些錯過的人一樣，好可惜，我卻無能為力。偶爾，會
想起這個小時候拼勁全力也要守護的未來，我也會責
怪自己怎麼那麼沒用。

兜兜轉轉了好幾年，沒想到快十年過去，我終究還是
回到了這裡。想起當初有多麼努力、多麼艱辛的走在
這條夢想的路上。

終於回到了夢想之地，但心中還是害怕，還未向前。這或許是人生中的奇蹟，也或許是其實這幾年來，我都默默地朝著它走去，只是走了太久，走到忘記這個遠方到底在哪。

我看著Y，淚流滿面的說：「回來了就好。」
Y說：「其實從我認識你的那天起到現在，就一直相信你一定會完成夢想，而現在你終於做到了。」

時間晚了不要緊，路繞了一大圈也無礙，只要還是當初的那個自己，還記得自己最初的模樣，那我們終究會成為自己想要的樣子。

兜兜轉轉地花了些時間也無礙，

只要相信自己，就會成真。

14

成功最難的是「堅持」

方法其實都很簡單，難的是不厭其煩的堅持。

這兩年我幾乎大半的時間都在全臺灣各地演講，而對國小、國中、高中的孩子來說，最大的課題不外乎是「書該怎麼讀？」當然，他們更想知道的是「如何更有效率的學習？」、「怎麼更快速的把單字背起來？」、「怎麼用最簡單的方式學好物理化學？」每次在問答時間，或在個人信箱中總會收到各式各樣這類的訊息，就連在準備國考的大人都曾向我詢問。

我總在演講的開場就會告訴大家，雖然可以使用各種心理學或腦科學的專業，幫助我們在學習這條路上比較順遂、輕鬆，但讀書考試的步驟，不外乎就是兩個重點：「理解與背誦」，當你「看」完書本，試著「背」住，最後在考試時再輸出「寫」下來。若背不起來，就回頭再看一次；若背起來了，便試著往下寫出答案；若寫不出來，再回去背。其實就這樣而已，如此簡單。

許多人把自己的失敗歸咎在沒有找到正確方法，或者是沒有找到「最」正確的方法。就像考試讀書的時候，認為自己沒有找到最厲害的補習班，沒有拿到某

位名師最強的考前精華；出了社會，覺得自己沒有進入最好的公司、沒有鋪好「最正確」的人生規劃或職涯道路。

其實多數時候，方法人人都知道，「該怎麼做」也早已聽別人說了千千萬萬遍，但我們仍然懷疑這是不是「最」正確的方法，這樣蹉跎著、猶豫著、徘徊著、琢磨著，浪費了好多好多時間。

試著不要花那麼多時間找方法，因為方法早已在我們心中。**不如埋頭在這個方法裡，下定決心在這個方法裡奮不顧身、努力不懈，相信我，這絕對是最快速的一條路。**

世界上並不存在著最正確的方法，

努力不懈的做就對了。

15

今天將比昨天更好

一年前，我曾經在網路上發表了「如何保持自律」的影片，「自律」這個詞似乎在現在的社會中，是一個必須追求的人格素質。什麼是「自律」呢？對我來說，「自律」便是能在必要時控制自己的慾望，但真的有什麼方法，能長久隨心壓抑自己的慾望嗎？能讓自己的慾望皆由理性分配嗎？或許極少數人真的可以做到，但對大多數的人來說，還是非常困難，光能做到幾天或幾週就已相當不易，何況是要長久的維持「自律」。

所以我想重新分享，我所定義且理解的「自律」。那些「好習慣」像是：早睡早起、瘦身、閱讀、運動、冥想等，或許人們理想的生活是這樣的：一大早起床，開始晨跑，自己動手做早餐，維持健康、均衡的飲食，工作忙碌一整天後回到家中梳洗，睡前留有閱讀與冥想的時間。

但要維持這樣「自律」的生活真的非常困難，所以或許我們只要退一步，把「追求自律」這個習慣當成一種自律，就是自律了。我們沒辦法扎扎實實的做到完全的自律，但卻可以不斷提醒自己「追求自律」，只要不忘記這樣的習慣，就不可能離自律太遠。

就像是瘦身吧，美食面前我們還是會說「減肥是明天的事」，但我們依然把「維持體態」這件事放在心上，就算還是大口吃飯，也不可能就此接近肥胖。

而於我而言，「成功」也可以這樣解釋。

「成功」當然不容易，並不是每一個人都可以在每個階段，達到自己定義的「成功」。但如果能一直讓自己走在「追求成功」的路上，保有不斷「追求成功」的心態，或許人生就不再有所謂的成功與失敗之分。因為我們一直都在比昨天更好、更成功的路上。

不斷追求、不斷靠近，做不到不用氣餒，還沒成功也不打緊，只要一直讓自己在「追求自律」的這條路上，就是最好的自律。而讓自己持續在「追求成功」、「追求進步」的路上，成功其實就在不遠處。

16

專車

在我二十四年的人生當中，曾經三次被邀請到TEDx做分享。第一次的主題是「今天我們增加的不是知識，是魅力」；第二次是「請再給自己的好奇心，一次機會。」；第三次則是「改變，是再正常不過的事」。

前兩次的內容約略已在第一本書中提過，所以這次我想重新探討「改變」這件事。

我人生中經歷過三次非常重大的改變，第一次是在十八歲。在北一女的時候，忠班是人文資優班，高中時期有許多忠班的學生就曾出過書，所以出書一直是我的夢想，應該說，是我認為青春時必定得完成的人生清單。當時我剛考完指考，將在北一女唸書時發生的所有瑣事寫成一本散文，拿去家裡附近的出版社直接跟編輯說：「我要出書。」當然沒有成功，但這個承諾，成為我人生中第一個最重大的改變。

第二個改變，是二十歲的時候，開設了自己的YouTube頻道。大部分的人想到作為一個YouTuber或許只是為了賺錢，但當初我想拍一支讀書方法的影片，只是單純地希望不要每天都重複回答讀者們

一樣的問題：「怎麼讀書？」、「怎麼有效率地背單字？」等，所以整理了十大從高中到大學學來的讀書方法，也是之後的「北一女十大讀書方法」影片的內容。因為這支影片，我得到所有媒體加總起來超過千萬次的觀看數，也獲得人生中第一個出版合約。

第三個人生中很有意義的改變，就是在二十二歲大學畢業的那個暑假，創立了自己的公司，開始建立個人與品牌形象的打造。當初開設公司時，根本沒有體悟到自己正在創業，慢慢的，我才發現這條路有多不容易。學習如何從管理一個員工，到十個人的團隊，學習如何當一個具有正向影響力的領導者。而我也成功用自己公司的收入，支撐自己的夢想。

花了三個月的時間，快速讓公司步上正軌。因此，接下來的兩年，我幾乎不需要花任何時間待在公司，就有穩定的收入，而空出來的時間，便能用來讀書、寫字，思考未來更重大的規劃。

這三件事情，就是人生至今為止，最有意義的Amazing Change。聽到這裡，大家多半會覺得這三件事情真的是很重大的「轉變」。因為第一個，不會有

人什麼都沒想，就這樣拿著自己的文字衝去出版社說要出書。第二個，雖然YouTuber是現在許多人的夢想，但真正把自己的想法曝光在網路上，接受所有的人的意見與評判，還是非常需要勇氣的一件事。第三個，很少人畢業即創業，這輩子我還沒有投過任何正職的履歷，人生到現在從事過的所有工作，都是由我自己分配給自己的。

到底什麼是「轉變」？

前面提到的例子，都是非常重大的改變。又如學測考差了，分科測驗努力考上了理想的志願，這是一個轉變；轉職、辭職、調職，這些也是在工作上很重大的轉變；再或者談戀愛、分手、留學、搬家等，這些聽起來都是人生的轉捩點。

但若我們總是這樣思考「轉」這件事，就太困難了。就像我時常到國小、國中、高中演講，老師們經常會希望講者能教導學生如何從挫敗中「轉變」心態，像是「如何從這次的模擬考失敗，再站起來」，但要跟年輕的學生們說「轉變」這件事太難了，我們會因此卻步，因為所有列舉關於轉變的事情，都會使生活

脫離目前的安逸，都會強迫我們逃離現在生活的舒適
圈，才有可能成功「轉變」。

到底該怎麼思考「轉」這件事呢？

「轉」這個字，不妨先仔細的看看，它是由哪些字
所組成的。我把「轉」字拆開成一個「車」加上一個
「專」，倒過來就是「專車」。「轉」其實就只是人
生的專車，我們駕駛它通往任何想要抵達的遠方。

而「轉變」，就是這臺專車上一定會發生的事情。例
如，我理所當然會轉變成一位作家、我理所當然會開
設自己的公司，我理所當然會站在講臺上與大家分享
等，這些轉變不是轉變，它是常態且原本就會發生的
事情。

我們似乎都把人生的「常態」想成讀好書，考好成
績、錄取理想的學校，並且找到理想的工作，擁有美
滿的感情生活，但這或許不是人生的「常態」，**人生
的常態本就應該經歷挫敗、經歷痛苦，這些事情是必
然的。**

就像開車，不可能從頭到尾都是直線向前開，一定會有需要轉彎的時候，一定會遇到紅燈，也可能會開錯路，因此繞了一個彎。

「轉」或許不是真的「轉」，只是與你原先的假設有所衝突而已。但說真的，人們對於人生的假設，卻總是建立在一個太過理想的烏托邦之中。

彎彎繞繞，是再尋常不過的事。以這樣的心態看待人生中的每一次轉彎，其實也不過是距離目標更近的一條必經之路。

「轉」其實就只是人生的專車，

我們駕駛它通往任何想要抵達的遠方。

17

堅強起來承擔

如果回到十八歲，我會想對自己說什麼呢？如果回到十八歲，剛公布學測成績的那天，我會想對自己說什麼呢？

我曾經問過湛樺，他是我第一本著作的共同作者，也是應屆滿級分考上臺大醫科的人。他十分優秀，把建中的成績單攤開來看，每一學期的每一科，他幾乎都是班上的第一名。

我問他：「你在考學測之前，知道自己會考滿分嗎？」
他說：「大概吧！」
我問：「所以你寫完沒有很高興、很興奮的感覺嗎？」
他說：「也沒有，就是跟自己預料的差不多。」他淡淡的說，對他而言，考滿級分似乎真的是一件平淡的事。

對最頂尖的人們來說，真的沒有所謂的失常與否，他們已經把自己準備到能抵禦任何的威脅與阻礙，沒有失敗的機率，更不用設想失敗的可能。

所以如果再次回到十八歲，或是回到任何一次因挫敗而感到低落的日子，我想對自己說：

「所有的一切，都是自己的選擇疊加而成的結果。學測的成績也是這十八年來，自己每一天的選擇所累加起來的終章，沒有特別考糟，也沒有特別考好。

回到人生任何的低潮，不論是被拒絕、被分手、被放棄、被丟下，**一切也都是自己的選擇，在長時間交互作用下的呈現，不論結果是好、是壞：『你都要堅強起來承擔。』**」

承擔跟重新站起來並不一樣。以前的我也重新站起來過很多次，但我並不曾承擔這些選擇所造成的結果，我從來沒有面對過、沒有正視過這些問題，我只是拍拍屁股站了起來，繼續向前走，沒有承擔過任何造成這些問題的責任。

所以，親愛的，堅強起來承擔，如果後悔了，就好好看待之前的錯誤，然後繼續向前。**不是只有十八歲前的努力才叫努力，十八歲以後的努力，也是努力。**

沒關係，記得學習堅強、勇敢承擔。

18

欣賞自己的弱點

上個星期，E跟我分享了他去做了一個職涯諮詢的收穫。E是我大學畢業後創業認識的朋友，臺大政治系的在學生，非常優秀，他是我出社會之後，少數認為與自己非常知心契合的朋友。

他說，他發現人生只有兩件事最重要，第一件事是「能不能欣賞自己的弱點」、第二件事是「與誰相處」。而我想要先分享第一件事。

什麼是欣賞自己的弱點？什麼又是弱點？在網路上經常看到一道面試必答題：「你的缺點是什麼？」通常會有各路專家解答這個問題該如何「正確」回答。例如：「我的缺點是⋯⋯，『但是』我可以運用這個缺點⋯⋯。」我看到的大部分回應都是套用這個模式，不過這僅限於檯面上的回覆，我並不認為這是真正打從心底「面對」自己弱點與缺點的說法，只是為了某種現實因素而發展出來的一套說詞。

「認識自己」、「展現自己」並「實現自己」，才是真正欣賞與接納自己弱點的唯一方式，而這也是與自己相處最自在的生活方式。

大部分的人都只停在第一步「認識自己」。像是意識到自己是一個「數學能力不好的人」、「身高不高的人」或「缺乏表達能力的人」，進而竭盡所能的掩蓋這個事實。其實這也沒什麼不好，最基本的穿搭哲學，也是遮掩身上的缺點，盡情展露優點。但如果我們只是竭盡所能的逃避這項弱點，不加以認識與展現，這項弱點就會永遠是弱點，如果哪天被其他人發現，或者當你必須運用它的時候，對於該如何反擊將無能為力。

一直都覺得自己是個學習外語能力極差的人，雖然我想要洗腦自己並沒有這回事，但不管在升學考試還是英文檢定，都一而再、再而三的證明這個事實。今年過完新年之後，大學時期最好的朋友A與J，臨時約我去新加坡走一趟，新加坡是一個非常多元文化的城市，原則上中文與英文在當地都是可以溝通的。

所以什麼是「展現自己」呢？

我認為，便是坦然自在地展現自己的缺點與弱點，並從中進步，也打從心底接納這樣的自己。

在搭上前往新加坡的飛機之後，我和自己約定，現在開始只能說英文，就算空服人員用中文問我要喝什麼，我還是用英文回答；就算身旁的人拿著臺灣護照，我也照樣用英文與他溝通。

如果在飛機、星巴克、酒吧，甚至在新加坡的旅程中遇見的每一個人，我都可以用非常基本的英文勇敢聊天與溝通，那麼哪天要去歐美國家留學時，應該就更不害怕了吧！我清楚知道自己在學習外語方面並沒有天賦，但我也適時的展現這個弱點，展現才能看清，看清才能進步。

最後，則是實現自己。

實現自己，有兩個層面的意思，第一個實現自己是「實現並接受作為自己真實的模樣」，勇敢的認識、展現並接納真實自我，不刻意隱藏或掩蓋；第二層意思，就是自我實現，成為更好的自己，透過不修飾的表露，進而督促自己進步。

每次與E聊天，都讓人覺得獲益良多。現在市面上多數的書籍或課程，都在教人們認識自己，但人們之後

好像總會止步於「認命」。「對啊！我就是這樣的人。」、「我天生就是這樣子！」雖然認識了自己，但卻因為「認識自己」而無法進步。

「認識自己」只是一個開始！想要成為怎樣的人，如何成為自己喜歡的樣子，這條路還很長呢！

不修飾也不隱藏弱點，

展現弱點才有機會跨越命運。

19

與誰相處

E說的第二件事是「與誰相處」。

不知道大家有沒有聽過一種說法,你現在是什麼樣的人,就是身邊最常相處的五位朋友的平均值。無論我們感到幸福、快樂或健康,或許都與身旁最親近的朋友有關,甚至連成功與失敗,也可能與他們的成功與失敗息息相關。

我曾經無法接受這個說法,難道要因為朋友失敗就從此不與他相處嗎?難道要因為他的想法比較悲觀,就劃清界線不當朋友嗎?以前我認為這是一個非常勢利的想法,許多人在面對這個問題時,多多少少也跟我有過同樣的感受。

後來我找到了解釋的方法,其實並非要我們因為某些缺點,就排斥對方或從此切割關係,而是我們可以「時間」為單位,或以不同的「性質」劃分出自己想與誰相處的時間與方式。

大學時期,我有一整年的時間都參加臺大的一個金融投資社團,其實這對就讀成大的我來說,真的非常困難。一來,所有社團裡的同學我都不認識;二來,每

個星期六早上的社課都必須上臺北參加。

但這是我在大學時，做的非常正確的決定之一。我將一部分的時間分配給這群朋友，而他們都是在經濟金融，甚至國際投資領域中非常厲害的菁英，在他們身上學到非常多不同的經驗，我甚至模仿了他們的成功模式。這對於我後來在這方面的學習上，產生非常大的影響。

那陣子，雖然每個星期五晚上都要趕最後一班車回臺北，但我的整個人生確實變得更加積極。也許是時間更加匆忙的原故，回到臺北就與組員頻繁的開會、溝通，時不時參與競賽，那時候身旁圍繞著一群每天盯著股市、全球各種物價指數的人，我也成爲了那樣的人。甚至認爲自己沒有做太多額外的努力，就被他們傑出的平均特質「拉了起來」。

但這並不代表我身旁就少了什麼朋友，或是排擠掉了誰。而是我更明確的知道自己現在「需要」什麼，誰最「適合」我，我必須「分配」最大部分的時間與誰相處，他們也確確實實的感染了我整個人的氛圍。

所以，到底該與誰相處？

這樣的說法或許還是太過偏頗，但我們可以問自己的是：「我們應該分配最多的時間與誰相處？」我認為答案是：**「能尊重自己、支持自己、適合自己，並情緒穩定，可以與自己一同向前進步的人。」**

最終，還是回到時間分配的問題，就跟讀書與工作一樣，有些朋友帶來快樂，有些朋友代表成功，有些朋友給予支持，有些朋友帶領成長。這些都是生命中需要，且必須重視的必要存在。

而我們也將能在別人心中成為這樣的存在吧！

讓越來越多美好的人，出現在自己身邊。

20

擁抱不舒服感

我們活得太安逸了。

其實大部分的現代人,都活得太安逸了,在自己的舒適圈、在自己熟悉的城市中,雖然偶爾抱怨東、抱怨西,但大概也僅限於生活裡的柴米油鹽,人生早已缺乏探險與體驗的本質,充其量只是在一條每個人都走過的路上,追求以穩定平淡的方式走到盡頭。

「其實也沒有那麼安逸舒適。」心中當然會想反駁這個說法。

但思來想去,隨著人生經歷的事情越多,越來越懂得如何逃避,或者避免那些痛苦或不舒服感,就好比我這輩子絕對不會再坐海盜船一樣,我認為那是我人生中最大的錯誤,在那艘船上的幾分鐘至今難以忘懷。同樣的,面對生活上、學業上、工作上的所有事,我也在不知不覺中逃離了那些不喜歡的感受,例如:壓力、挫折、失敗。

回想起來,在海盜船上的那幾分鐘,我怎麼會如此的專注,船搖晃的次數跟幅度,身旁的景色跟人們的表情,都令人印象深刻;而近期我每個月最專注的時

間，大概就是生理期來的時候，非常專注的追劇，因為身體不適的感受太過強烈，以至於我真的無法分心做其他事。

是不是應該試著「擁抱不舒服感」，擁抱下意識討厭的那些感覺，才能讓人更專注，被鞭策著進步。

前幾個月，為了出國留學忙著準備英文檢定，因為時間緊迫，只有一個多月的時間，但我卻還是邊上課邊不小心睡著，邊讀書邊不小心地滑了手機，結果當然不如預期。

仔細回想，那一個多月我好像也沒那麼努力、好像也沒那麼有壓力、好像也沒那麼不舒服，完全沒讓自己再次回到考高中或考大學時的「不舒服感」。

這種「不舒服感」，如果用另一種簡單的形容詞說明，就是在某些時候，會說「很想找個地洞鑽進去」一樣，embarrassed的感覺。這種感覺非常討厭，好比突然遇到外國人要開口說英文；某位同事問了簡單的問題，你卻突然支支吾吾答不出來；同學因為你的成績優秀，總是考班上前幾名而找你解題，但你卻解

不出來，這一系列有點尷尬的感覺。是否撐過這些感受，就能使我們進步？**過去費盡力氣避免的「不舒服感」，或許就是變得膽小、變得不敢嘗試、變成大人前的徵兆。**

於是我在出國留學前，又做了一件事——報名街舞課。聽到這件事後，我媽在電話的另一頭瘋狂大笑：「你這麼放不開的人，怎麼可能會跳！」

我說：「沒錯，我就是班上那個最尷尬的人。老師甚至在下課前的五分鐘，叫我們一個一個在教室中間錄影，真是瘋了。」剛一下課，立刻打電話給我媽，紓解上課的痛苦。

僅僅一個半小時的跳舞課，非常不舒服。

記得在北一女讀書時，每個學期都有全校體育課必須學習的舞蹈，而高中這三年，則會經歷兩次有關跳舞的「重大」表演。

第一次是在高一校慶，這是北一女的傳統，每一班的高一學生會自己編舞、練習和製作服裝。然後在校慶

的時候表演「帶動唱」，有點類似於啦啦隊，最後學校會評選出前幾名的班級。

第二次，則在高三即將畢業前。那時體育老師要求班上同學分組，每組同學可以很自由的選擇自己喜歡的歌曲編舞，在學期末的進行發表。午休時，我與同學們都會到泳池旁的鏡子前練習。平常練習我都跟得上所有同學的進度，在鏡子前看著自己，也和其他人跳的一樣，甚至偶爾錄影檢討時，看著影片中的自己覺得表現得還不錯，比起小時候在雲門舞集的教室裡大哭的樣子要好得多。

成果發表那天，邀請了班導還有很多老師來觀看，而我也很高興的與同學們一起表演、跳舞。結束後，回到教室回放剛剛表演的影片，天啊！我怎麼看起來那麼詭異！在一群人當中，四肢擺動的非常「醒目」，看起來既像是殭屍又像是木偶，我非常震驚，平常看起來不是都和大家差不多嗎？此後，我認定自己這輩子都不會跳舞。

跳舞雖然不是一件人生必須學習的事，我也可以一輩子都當個不會跳舞的人，這件事並不影響未來的人生。

但在出國前的幾個月，我將它定為每個禮拜需要忍受的一點「不舒服感」。在每次上課前，我還是很焦慮、還是很想請假，但隨著課堂的次數越來越多，眞眞實實的發現自己有那麼一點進步，雖然眞的很尷尬，但我也因此非常的專注。在這一個半小時內，都在想方設法解決自己的不舒服感，換句話說，就是千方百計的想要「進步」。

並非是刻意壓榨自己或折磨自己，只是想起年幼時無所畏懼的樣子，頓時覺得現在因為對自己的透徹瞭解，而選擇了過得安穩又安全的方式，以至於人生看似有在挑戰、有在體驗，但那個程度或許只在一個保守的邊緣。

距離跳舞課程結束還有七堂，沒錯，我一個禮拜甚至報名了兩堂，但我想，我會全勤的。

輯一　選擇喜歡的生活，沒有對錯

擁抱不舒服感，

或許能讓你進步的更快。

一直在變好的路上，
無所畏懼

發自內心的喜歡自己，
自己的生活、自己的工作、自己的朋友；
不再因為成就感動搖、不因為外在環境畏縮、
不因為任何人的一言一行而坍塌。

01

從自己身上，往外畫個圓

「好糟糕的時代啊！」

我常聽別人或自己在心裡悄悄的這麼說著，反正那麼主觀的話在這個時代還是不說為上。但也因為在這樣的時代，很容易猜到多數人們心底的夢想都是相似的，就是：「有一個人或自己，能給自己一個安靜美好的年代。」

之前曾看朋友發過一個梗圖，印象深刻，圖裡面寫著：「這是一個充滿意義的三小時電影，可以被濃縮成三分鐘短影音的時代；也是一個三十秒的短影音，可以被放大成三小時報導的時代。」還記得我大學畢業的時候，也是人生中唯一一場的大學畢業典禮，因為新冠疫情的關係，改為線上舉辦，所以我直接睡過頭，醒來點開直播的時候，已經剩下司儀一個人大喊著：「禮成！」。

有人說，我們這屆是「生於SARS，畢業於Covid-19的會考第一屆」。這是一個不管善意或惡意，都可以昭告於天下的時代；這是一個不管聲音有多小、多遠，都可以躲在鍵盤與螢幕後面刺殺別人的時代。也是一個Emoji（表情符號）多到讓人滑不到底的時代，不

知道是我們不再需要真實表情，還是所有的表情都已經被定義。

「這真是一個美好的時代啊！」

我曾看過有人把臺灣迷因比喻為竹林七賢的縱情天地之言，牛津詞典二〇二二年的代表字是「躺平模式（goblin mode）」，簡單來說，不就是隨意就地、天地為家，漫無目的、心無鴻鵠？

說到底，就算生在同一個年代，但我們每個人的時代還是不同的，心有多在乎，能被影響的範圍就有多大。上次去一間國中演講，有位輔導老師跟我說：「這真是一個辛苦的時代。以前我當學生時只要專心唸書就好，而現在的學生要面對的世界，卻是一層又一層的隔牆。」

人們之間的訊息與感情，透過冰冷的數位文字連結，很容易產生非常多的誤會與問題。當有人告訴你：「沒收到訊息」、「訊息被隱藏了」、「被歸類到垃圾郵件了」、「信件被誤刪了」，都什麼年代你會再相信這種鬼話？還是即使科技再革新，我們仍會持續

相信這樣的善良謊言？

不如從自己的身上，往外畫個圓吧！**要多大就多大，要多小就多小，把那些不重要的人排除在外、把那些暫時耽誤你的惡意遮蔽在外。**

希望在這個圓裡面，我們都可以創造且看見真實自己的美好年代。不管外面的世界怎麼樣、不管外頭的人說了什麼，就算世界待你不寬容，也希望你善待自己，永遠為自己留一方天地。

輯二　一直在變好的路上，無所畏懼

不管這世界有多少惡言惡語，

總希望你能善待自己。

02

每一年我都在最好的年紀

不管到了幾歲,每年,我都覺得自己在最好的年紀。

不論是走進了誰的生活,又讓誰在自己的青春扎根,曾經的那刻親吻是必然,年少時的迷惘、無知、浪費,不是遺憾。

現在的每一天,我都讓自己不負任何相遇,也不負任何揮霍。

青春兜兜轉轉,時不時大吵大鬧,折磨個幾年、叛逆個幾次,幾年之後我們還是會各自圍於廚房與愛。

但願自己每一年、每一刻,看著照片裡的樣子都覺得:「啊!我人生最美的時候就是現在了。」

輯二　一直在變好的路上，無所畏懼

人生最美的時刻，就是現在。

只要簡單的快樂

我長大了。

我想我是真的又長大了。長大是什麼感覺？就是知道自己想要的是什麼，知道什麼是對的選擇，也知道自己可以不選擇。

小時候唸書分組時，總是逼不得已一定要找一個組別鑽進去；吵架的時候，一定要選一邊躲起來，不然就當個好人，否則便自動被歸類為壞人；我跟你不是朋友就是仇人；要親暱就能捨棄底線，一旦和誰變得生疏，彼此的距離就像從沒認識過。

真的很高興，現在的我變得多麼坦然。坦然接受自己要的其實真的不多，比一般人少非常、非常多。我只想要簡單的人、簡單的愛，拼湊成一份非常簡單的快樂。

某天早上突然收到一個朋友的訊息，認識一陣子，但其實我們之間有些複雜。她是我一群朋友中的朋友的朋友，這中間又不明所以的攪和了另一群人，所以三方之間有些疙瘩，雖然有相互約出來，把問題說開，但總覺得彼此心裡還是充滿防備。

曾經覺得，任何人的一丁點好意都萬分珍貴，哪怕只是表面上的、訊息上的，也難能可貴。想跟每個人都好好相處，想把每個人都當成朋友，想視每個人為摯友。**說真的，討好所有人實在太難了，網路或許把所有人的距離都拉近，不過在現實生活中，我們卻一點都不近。**

說穿了，也一點都不需要。

或許以前我會很認真回覆朋友的訊息，甚至任何人的訊息，害怕一個不小心讓對方感到不舒服，或者感受不到熱情與善意。但現在的我，僅會簡單回覆，沒有過多的討好，也沒有下次再聊、下次再約這種說詞，一個貼圖，我想就代表緣分已盡。

知道什麼才是對的選擇，

　　也知道自己有權利可以不選。

04

我已成為足夠好的人

突然發現自己有點好、有點漂亮、有點善良，還能仗著青春的本錢，晚上吃麥當勞、半夜吃鹹酥雞；時不時會想起健身房每個月自動扣款的會費，但夏天太熱、冬天太冷，健身減肥，從來就沒有一個心甘情願的季節。

偶爾會追劇追到天亮，當然會有點愧疚，但我不會忘記自己白天要做的事，有時候補個眠又補到天黑；我會熬夜，一鼓作氣以超高效率把一整天的事情做完，無法想像如果自己時時刻刻都處在這麼高效率的狀態，會不會是下一個馬斯克？

然後，繼續追劇、繼續浪費。

我犯過錯，不少的錯，心中也很後悔。但我發現，我不曾犯第二次錯。

我道歉過，也自責過，一直將這些錯放在心上，因此讓我成為了更好的人，待人真情、處事磊落。因為擔心有人跟我一樣悲傷、擔心有人再因我而受傷，所以努力地發光發熱。

我真的倔強，也固執，我懂謙虛，也正在學習柔軟。
但我不懂得什麼叫委屈、不明白什麼是避免衝突、什麼叫省得麻煩，錯就是錯、對就是對。

最近好像也笨了點，我很高興，小時候祖母總對說我：「女孩子別太聰明。」這樣才嫁得出去。

晚餐時我發現，我開始會挑食；看電影的時候，開始會看到一半不好看就直接不看；跟別人相處不快樂的時候，很敢吵架，也敢為自己說話，合不來的、道不同的，就算了，揮一揮衣袖，轉身離開。

現在，又長大了一點，但還是常常在午夜落淚，還是會發現落淚的時候沒人為我接著。哪怕夜裡無數次懷疑自己、憎恨自己、傷害自己，甚至覺得這樣的自己千瘡百孔，早已不值得任何愛，但還是會在天亮之後努力提醒自己、點亮自己。

「我很好的，也辛苦了。」

人生這條路很難、很難，沒人能夠真切體會另一個人的承受，沒人能夠瞭解任何一個人所有的過去。

但我已成為足夠好的人了，當然可以繼續閃耀、繼續
照耀，記得慢慢認識自己，成為自己。

因為擔心有人再因我而受傷，

所以努力地發光發熱。

05

有你陪伴

終於，紅燈變成了綠燈。我們搭上同班公車，你坐在我的斜前方，我靠窗。

雖然不知道你會在哪一站下車，但我知道這班公車上的每一個人，想要去的地方都不一樣。我身旁的座位也沒幾個，前後左右，再算上斜對角，加起來最多也才八個。

在某個刹那，你是世界上離我最近的人，你是我世界上最好的朋友，你是我最親近的愛人，但我知道你隨時會按鈴下車，那麼，又是什麼緣分，坐在你身旁？

終於，你下車了。感謝這一路，有你的陪伴。

何其有幸，我們曾站在同個十字路口。

珍惜能夠相遇的緣分。

06

痊癒

那天我問好友X：「你覺得你瞭解我嗎？」
他想了想，對我說：「大概 40% 吧！」

這讓我感到意外，因為對我來說，他已經算是世界上
離我最近的人了，而我對他而言卻還是謎團重重。

走過人生最悲傷的二十二歲，二十三歲時做了一個重
大的決定：「**喜歡上柔軟的人、愛上簡單的生活。**」
所以正在輕輕的練習怎麼習慣溫暖、怎麼交付溫柔、
怎麼扎實的感受當下，怎麼認真的記住昨日，再好好
的期待明天。

這些事對我來說很難，真的非常、非常難。過去一
年，沒有一天做到，我把所有昨日丟棄，所以每天早
上起床，都一無所有。我以為這樣就會無堅不摧，但
終究還是會想念有愛的日子。

二十二歲的那些日子很痛苦，我毫無記憶，像個喪屍
活著，我是活著，但卻什麼也沒留下，什麼也不敢留
下。害怕情緒被任何一個人牽動、害怕因為想念誰而
失眠到天亮、害怕依賴某個人的脆弱，我真的害怕，
害怕看到自己再一次破碎。

最近，每天晚上我都在努力回想昨天發生什麼事、前天發生了什麼事，上個禮拜我又做了什麼。說真的，想不起來。每天哭，因為我怎麼樣就是想不起來。

現在也正練習看著一個人的輪廓、聽一個人說話，試著感受他的情緒，然後慢慢的讓自己隨著對方的字句起伏，一點一點的靠近他，也讓世界重新一點一點的靠近我。

不論我們曾經歷過什麼，痊癒這條路很漫長，不期待盡頭是回到最初美好的樣子，只希望在這條路上，不要放棄自己。

一切都會好起來的，

　　因為我已經挺過最糟的日子了。

八年級生

上個禮拜我問X：「你覺得我有什麼缺點？」

這是一個很不明所以的問題。因為這個問題，大部分人在問對方之前，心裡早已有個明確想要驗證的答案，或者千方百計想引導對方說出口的答案。但在問的當下，還真的不知道他會說出什麼，有點緊張，因為他是一個不會說謊的人。

他說，有時從我眼中望出去的世界，一切人、事、物，對我來說似乎都可有可無，隨時都可以拋棄，也可以被拋棄。

當他說出這句話的剎那，意外從他眼中看出他很害怕被我拋下。

無意間看到《Vogue》一篇文章，標題是這樣寫的：「八年級生們是七拋世代：戀愛、結婚、生子、買房、人際關係、夢想、希望皆已拋。」我想了一遍這七件事現在於我的意義。發現它們是存在的，但與我無關。

可能只因為夜半孤單，所以撿拾戀愛；因為小時候作

文寫了太多「我的夢想」，所以長大後慣性的丟了夢想在遠方，好似人間很長、前程似錦。

我有希望、我相信奇蹟，但希望成不成真、奇蹟發不發生，一點都不期待。

這是我們的大學畢業，我的二十二、二十三歲，以夢為馬、不負韶華是存在的，但不到一年，好似青春已逝、一身疲倦。

又快到新年了，不知道在聖誕喧囂過後的寂靜，你們會不會想起今年的一些小故事、小傷心？

這些都沒關係的，可以難過、可以遺憾、可以慶祝、可以豐收，只要不放棄自己，**只要還記得人生很長，每件事情的價值，都能在未來的日子無限擴大。**

人生很長，不論現在開心或不開心，

　　終究有無限成長的機會。

奇蹟，就在你身邊

「你不是一個人的，知道嗎？」

我知道我說什麼你都不信，我不夠強大到足以改變你、讓你信任、讓你安心，但我知道這只是目前、這只是現在，沒有人跟我說未來不可能，連你也不敢跟我保證：你不會喜歡我，不是嗎。

你不是一個人，不要總是裝的刀槍不入、不要總是說的若無其事，不要總是掛掉電話後才低聲落淚。你知道嗎，我一直站在原地等你，就是希望哪怕一次就好，就一次，你轉身偷偷瞄一眼，發現有一個人，一直在你的轉身之後，可惜你從來沒有回頭過，所以你從沒發現過。因為你從沒相信過，愛情。

你說，要治好你的病，只有三種方式：第一個，是讓你相信奇蹟；第二是，是讓你看見奇蹟，可惜這兩個我都試過了，在我擁抱你的時候，你從沒擁抱過我，只是待愣愣的站在那裡；在我跟你道別之後，你也從沒回頭看我，從沒相信過我，我，有可能是你的奇蹟，我想當你的奇蹟，奇蹟，就在你身邊。

我嘗試著第三種方法，讓奇蹟，發生在你身上。

我曾經問過你奇蹟是什麼，我說：「是摘一顆星星嗎？還是墜落到星辰裡？」
你說：「不是，是愛。」

你不是一個人，知道嗎？你可以跟我說你的悲傷，可以跟我分享你今天發生的事，可以跟我一起慶祝你的快樂。我想陪伴著你，每天為你呈上奇蹟，我想問你，願不願意。

「你願不願意，在我面前脆弱。」
「記得在我面前，可以脆弱。」

不要再那麼堅強、不要再一個人面對千瘡百孔的世界，我會慢慢的走近你、輕輕的靠近你。

希望有一天你會發現，

奇蹟，就在你身邊。

09

盼我們都能放過自己

忘記是在什麼時候認識F，只記得也是與文學有關。我特別容易被一個人的文字吸引，對我來說，有些人的文字會像子彈穿過我的心臟。我享受那個過程，重新把心上的肉修補的過程，不知道修不修得好，找不找得到零件，但這就是有趣的地方，F的文字就是如此。

就這樣從網友的身分，漸漸成為了知心的朋友。他知道我身上發生的所有荒唐事，我日日更新他的近況還有文字，昨天晚上他突然捎來訊息說在臺北，在網路上聊了一年多，終於見了面。

我們討論著，到底什麼是變好呢？我內心的變好是什麼呢？我本質的變好是什麼呢？在我看來，「變好」就是變得更趨近於這個社會的價值觀，在外表趨近於現代的審美，在學習趨近於臺灣社會的需求，在個性、在做人、在心態，趨近於這個社會喜歡的樣子。

若把讓自己變得更好這件事，**修改成讓自己變得更喜歡自己，跟著自己的真心與本質走去**，這樣是對的方向嗎？

發自內心的喜歡自己，自己的生活、自己的工作、自己的朋友，而這個內心，不因爲成就感動搖、不因爲外在環境畏縮、不因爲任何人的一言一行而坍塌。

聚會結束後，到家時F對我說：「盼你能善待低落時的自己。」

懂得喘息、懂得偷閒，懂得在沒人看到的時候呼呼大睡，好好做夢。

盼我們，不要總是往自己身上咎責。

10

被愛的資格

這陣子跟大學室友L見了三次面，這三次我們兩個都說了同一句話：「似乎這輩子，都再也不會遇見一個那麼愛自己的人了。」

完全包容我的白目，吵架吵到最後，有時我真的沒什麼道理，就開始跟他哭，哭不贏就說要跑，跑不贏就開始可憐的跑。

偶爾是我的錯，好啦，應該說我們都有錯，但我就是死都不跟他道歉。每一次吵到最後，聊天室還是他重新點亮的：「你在哪」、「要怎樣」、「所以呢」，雖然口氣還是差了點，不過我們都知道先低頭的人，有多溫柔。

在那些日子裡，我很少說「我愛你」。應該說，這句話在年輕的時候我覺得沒什麼，講成了一種隨便、成為了一種常態。

後來，我最後悔的就是，幾乎沒有好好的看著你的雙眼、握著你的手，跟你說「我愛你」這三個字。

世界那麼大，他曾跟我說：「你會遇見一個更愛你的

人、更適合你的人,在未來沒有我的往後,一定會遇到的,因為你如此值得。」

我知道,我當然知道這世界很大。

回家後想了跟L的對話很久,我才二十出頭歲,其實並不是對愛情心灰意冷,也不是對人世情愛無關痛癢,而是,似乎我再也承受不起那麼深刻的愛情了。

有些人在回憶中,是最美好的,因為他是遺憾的、因為他是失去的、因為他是沒有被珍惜的。

「我們真的老了,在那一瞬間。」
「以前吵架動不動就哭一整晚,不睡覺。隔天就索性不去學校了。請J幫忙點個名,原因是眼睛很腫。發個限時動態跟大家說很難過,所有人就跑來安慰,然後S會送幾包冰塊來,還有午餐之類的。」我說。
「現在吵架很累,隔天還要上班,再吵就沒工作,如果再吵就分手。」L回我。

是誰消磨了愛情,是誰消磨了愛一個人的能力、愛一個人的執著、勇敢,還有純粹。是現實還是年歲?

雖然前面說得很沉重，不管未來會如何，會不會像現在講的一樣悲傷，但L我想跟你說：
「我們一定會再次遇見的，一個那麼深愛自己的人，但要先相信自己有被愛的資格，也有再次深愛一個人的能力。」

別讓愛人的能力，

被現實消磨殆盡。

11

我們終究是用來錯過的

最近特別認真的觀察每個與我擦肩而過的人，男的女的、高的帥的、美的白的。因為習慣戴帽子，通常我最先看到的都是對方的鞋子，我認為全身上下最能推測一個人的喜好與性格還有職業的，就是鞋子。

有些人的款式特別舒適，一定跟他的工作性質有關。再來磨損與乾淨的程度，也能明確反應出一個人的個性。

再往上則會看到襪子，最近襪子的風格與款式越來越特別，甚至有趣。可以從一個人的襪子感受到，這是一個日系、韓系還是簡單不分系的人。

我通常就這樣一路怪裡怪氣的看上去，大部分的人一臉嚴肅，這也正常，現代社會每個人站著、走著、等著都在滑手機，還沒有一個人發現我虎視眈眈的端詳著他們。

就這樣記錄著每個人的穿著、姿態、神情，好幾個禮拜。發現真的沒遇到一個和我擦肩兩次的人，我已經很努力的在觀察與記憶了，但還是沒遇到任何一個人，穿著同樣一雙鞋、長著同一副臉孔，儘管就在我

家附近這幾條小巷，人來人往，也沒有一個熟識。

原來那麼難啊！要遇見一個人第二次，有多麼不容易。**我們擦肩而過的那一次，或許就用盡了這輩子僅有的緣分。**

我們終究是用來錯過的，

為了學會珍惜下一個更好的人。

12

年輕人該學的第一件事

我一直沒學會一件事，叫做「吃虧」。我們總是想著，因為還年輕，何必吃虧？吃了虧就應該討回來，這樣才對吧！

但後來終於明白，吃不吃虧這件事本身沒有絕對的對與錯，只是願不願意讓自己汲取這次的教訓，成為可以運用這次經驗的人，讓事情隨著時間的流逝，增長與兌現它的價值。

或許，**當下的我們是吃虧了、是被欺負了，但慢慢的，在未來的某年某日，這件事帶來的經驗便會派上用場，而這時候它的價值即難以掂量。**

學習吃虧，

讓失敗經驗擁有無限的價值。

13

正視自己的脆弱

在發生了某任前男友出軌的事情之後，我練就了閉嘴的清高，你們一定有發現，這世界口口聲聲的寬容，其實並沒有多餘的時間與空間容納。

從我創建社群帳號後，就一直是公開的狀態，我不知道該怎麼區分要讓這個人追蹤我，還是不要讓這個人追蹤我。

人們都是如何定義「摯友」的呢？Instagram推出摯友功能之後，只要有被加入對方的摯友名單裡，就能看到更多私密的動態。我發現，每次有人把我加進去的時候，都會莫名有種榮幸感，甚至恨不得禮尚往來的把對方加入到我的摯友名單裡。多數人也是如此，只要我把對方設定為摯友，他們也會把我加進去。

所以什麼是摯友呢？

這世界根本沒有界限，可能有，也可能突然沒有。我們把對方加入摯友，或許是真的跟對方很好，或許是認為對方可以接受自己內心的碎語。甚至可能只是一種在拉攏關係的手段。

當我在摯友動態分享了一些難過的故事，那些摯友卻沒有傳來一句安慰的時候，心裡又會感受到百般難過。一下子玻璃心發作，把對方踢出摯友名單。

昨天H跑來找我，他看到我發布了全黑的動態，知道我又想起了從前，問我：「你怎麼了？」
我問他說：「要說什麼？」
大部分的人會回答：「發生了什麼事？」
但H卻說：「你的脆弱。」

這個答案讓我震驚了好一陣子。原來，那些是脆弱嗎？可以是脆弱嗎？原來，內心深處的我，正害怕的躲在牆角嗎？原來，我不需要再把會痛的地方割除掉嗎？原來，悲慘的回憶不需要被抹除嗎？原來，它們已經長在我的身上，變成我的一部分，吸食我血液中的養分了嗎？

它們會開花嗎，我能讓它們美好而漂亮嗎？

那天晚上我哭著跟H說了好多，那些我不敢跟摯友說的，那些我怕說了人們只會覺得我在抱怨的、那些我怕會打擾到別人的、怕別人會不懂的。

一直以來，**我只是想將它們從心中抹去，但把它們封在心底，卻只是讓我越來越潰爛。**

原來這就是我，我也可以理所當然的脆弱。

如果是脆弱的話，

可以貼上易碎標籤嗎？

14

偶爾有夢，卻時常遺忘

那就做一些向陽的事吧！

好比說：早起、吃飯、運動、喝水、讀書、清掃、工作、戀愛、睡覺、專注、努力、自律、大笑、放鬆、寫字、散步、吹風、賞月、看花、告白、關心、面對、照顧、讚美、祝福、自信、勇敢、奔跑、謙虛、信仰、改變、滿足、擁抱、親吻、慶祝、給予、付出、虔誠、做夢、踏實。

然後這些，就別做了吧！

抱怨、落淚、轉身、遺憾、道別、僥倖、懶惰、熬夜、貪婪、自負、發胖、滄桑、畏懼、躲藏、逃避、遺忘、假設、厭棄、欺騙、隱瞞、辜負、猶豫、回頭。

最近的溫度搖擺不定，心似乎也跟著躊躇不前，一下回暖、一下冰冷。以前我最喜歡秋天，因為秋天的溫度剛好，但我現在討厭它，它的喜怒無常；我不看氣象預報也不開窗，單憑每天從窗戶望出去，看到天空的顏色來決定要穿哪雙鞋子。

偶爾有夢，卻時常遺忘，努力記得，但卻總被現實生吞活剝。

不知道做什麼的時候，人生突然暫停的時候，只感受得到自己正在呼吸的時候，就提醒自己出去曬一曬，把那些不快樂的事拿出去晾一晾，再吹吹風。

過去的人啊、過去的事啊，就隨風吹走吧！不要再回來了。

抱持著夢想很棒，

更重要的是懂得如何忘記與放下。

15

面對無知

我想分享一件事。當你沒有辦法完全瞭解一件事情的全貌時，至少在大部分的情況下是不可能的。好比說前因後果，或者是相互關係，此時就沒有資格做出任何批評或是讚美。

讚美也是，因為毫無內容的讚美讓人覺得膚淺。**所以最好的方式，就是「提出問題」，讓自己更加瞭解事情的本質，誠實面對自己的無知。**

誠實接受自己的不足。

16

後悔只是一種天性罷了

「你覺得你會後悔嗎？」

「會的。」

「那為什麼還要這樣做？」

「因為後悔只是一種天性罷了。」

我想起一個故事，不知道為什麼可以記那麼久，而我為什麼會如此厭惡開放性結局的故事，應該就是從那個時候開始吧！

上小學時，每個星期三早上十點的那節下課，圖書館會請一位老師跟我們說一則十五分鐘的故事，偶爾我會衝下樓聽聽故事。

那天老師說了一則故事。故事背景大概是公主要找一位適合的王子，當這位王子來到最後一個關卡，站在場中時，公主站在臺上，王子面前有兩扇門，一扇門後面有一隻兇猛的獅子，另一扇門後面沒有獅子。

公主可以選擇要打開哪一扇門，若打開後沒有獅子，那麼王子便可以直接與公主在一起；若打開另一扇門，王子則會被獅子撕裂，公主便繼續迎接下一個前來挑戰的王子。

公主與王子素昧平生，沒人知道他們會不會相愛，但公主必須做決定。

故事就停在這兩扇門結束了。老師說，公主打開哪扇門的結局讓我們自己想。

對我而言，這應該是一個很可怕的故事，我到現在對於這個沒有結局的故事仍感到生氣，但怎麼樣才是一個好的結局？有些故事，無論如何都不是吧！

許多人會義正嚴詞的說，自己是一個不會後悔的人，做了就是做了。我也是，但不免在某些深夜，認為自己一無所有的深夜，發現自己面目全非的深夜，還是會想起丟掉的那些機會成本。

那些我放棄的人，後來怎麼了呢？那些我放棄的事，後來又怎麼了呢？

小時候常聽到一句話：「如果人生能夠重來。」每當聽到這句話的時候，總是會想起一首歌〈如果還有明天〉。

後悔是世界上最無法解的症，不要把人生的時間與精力都停駐在過去，我們來期待明天吧！

偶爾想想後悔的事沒關係，

只要記得別駐足在過去。

17

沒有什麼非誰不可

到頭來你會發現，其實沒有必要爲了人際關係這件事，苛責自己、折磨自己。

沒有什麼事情非誰不可，也沒有什麼感情非要不可。

這輩子，來來往往遇見了、認識了、牽起了好多人。

在人生的每個階段、在成長的每個契機，會因爲歲數道別、會因爲改變離別。朋友可能會丟下一句「你變了」，就離你遠去，但相信我，這件事從來就沒有一個準則。曾經的我們，講話投機、志同道合；現在的我們，只是各自朝著自己更喜歡的樣子走去，朝著自己更想要的人生努力，願你安好、歲月靜好。

曾經擁有的愛，並不代表要一輩子守護；曾經擁抱的人，也不可能一輩子照顧。人生漫漫、歲月爛漫，你我曾經一同燦爛，願未來依舊各自璀璨。

現在的我們，

　　只是各自朝著自己喜歡的樣子走去。

18

時間會走，你我會留

走在晴空萬里之下，突然一滴雨滴上了我們的肩，總會抬頭驚訝的望著天空，原本那麼美好的午後，那麼晴朗的日子，就讓雲這樣偷偷的闖進來。行人們慌張奔跑、雨點無限瓢潑，這場雨好突然、好無情，淋了我一身心碎，熄了我一生心動。

我當然明白，日子沒有無盡的風恬日朗，歲月也沒有不走的春寒料峭。我只是盡可能的希望晴空的日子長一點、下雨的日子短一點，若真的雷雨奔騰，願你能為我撐起這把傘，站在原地陪我等、我也陪你等，等到雨過天青。

生命中好多事情，來的真不是時候，措手不及又晴天霹靂。

但慶幸有這一場雨的時間，讓我們在同一把傘之下，構築一把傘的宇宙，只有我們兩個，緊緊擁抱。

烏雲會散，時間會走，

你我會留。

19

平安、健康、快樂

學生時期，在寫卡片的時候，總是習慣在最後祝福對方的地方寫上：順利考上第一志願、成功找到自己的夢想、上臺大、賺大錢，或者偷偷寫著祝你成功追到某個女生之類的。

小時候覺得夢想很偉大，夢想應該很偉大，夢想是一個終點，夢想可以是一個人的全部。

並非現在的我覺得不應該有夢想、不應該賺大錢、不應該發大財，走在臺北街頭時，依舊會感覺到自己的不足，以及對於世界高處的貪婪和奢求。但不知道是經歷過什麼，還是聽過了太多故事，**那高遠的景致，好像不再是我覺得必須追求的第一目標。**

現在寫生日卡片的時候，只會寫下希望對方能平安、健康與快樂，成為自己喜歡的樣子、過自己喜歡的生活。慶幸這世界上有你，願我每年都能對你說句：生日快樂。

平安與快樂，

是讓你追尋夢想最重要的後盾。

20

孩子對我說：
「我的夢想，是成為你。」

不知道這是件好事還是壞事，好像在不知不覺間，活成了很多人夢想的樣子、很多人喜歡的樣子。

我總是特別開心能收到孩子們的訊息，尤其是聽到他們跟我說我的文字或影片，給予他們多少的幫助、多少的啟發，哪怕只有一點點也好。這是全世界上最令我感到快樂的事，把我所會的、所學的、所擁有的，付出給予需要的人，回饋給這個社會。

其實我也納悶自己為什麼會有這樣的情懷，我對這個社會並沒有太多感情與留戀，對這世界並沒有太多奢望與夢想，但或許這就是我為什麼要一直這樣做，讓自己從中獲得活著的意義吧！

收到好多人的訊息，問我的生活、問我的日常，甚至喜歡上我的語調、追蹤著我的風格。但我實在是個捉摸不定的人，以前會形容自己很浪漫、很善感，但這到底是雙魚座的本性，還是從小到大聽大家說雙魚座都這樣子，所以把自己活成了這個樣子。當然不是故意的。

有時候，回頭看自己的影片跟文章，還是會很認真

思考當時的我為什麼會有這樣的思路，就像在看一位
陌生人的作品，充滿疑問與驚訝，而現在把自己放在
鏡頭前，放在大家面前的自己是不是真正的我；抑或
者，**這樣的我是不是我真正陶醉的、我真正喜歡的，
我總是想著這個問題。**

路過誠品的時候，看見自己的書陳列在書架上，看著
自己的筆名，總是懷疑這到底是不是我的書。我對裡
面的文字陌生，對裡頭這個人的過去也陌生，這真的
是我嗎？在千千萬萬本書中，我把自己的人生赤裸的
展開在這裡，而無意間經過的人或許就這樣翻開，翻
開了我的人生。

我又何嘗不想知道自己真實的樣子，而又有多少人能
明白並看清自己的真實面貌。

以前總覺得，只要被悲傷一層一層的凌遲過後，就能
看清最純粹的自己，皮開肉綻的、掏心割肉的，我在
最接近死亡的懸崖看見了自己的映照，卻又納悶這是
不是我所想看見的，還是我所逃避的？

人就是這樣非常矛盾，祈求自己開懷大笑、又期待自

己痛快悲傷，卻又在後來開始質疑自己的行為、後悔自己的安逸與暢快，所有的情緒與動作都變得礙手礙腳，我不知道我們是為了誰的期許，為了哪個社會的制約，成為了現在這個樣子。

曾經有很多年輕的讀者跟我說過一句話，他們說：「我的夢想，是成為你。」或許這句話代表我成功了吧！成為很多人的夢想，與夢想中的樣子。

願我們都在不知不覺中，

喜歡上每個階段不同的自己。

21

哭一下，真的沒有關係的

一路走來，說長不算長、說遠也不算遠，但心很累了，身體很疲乏了，這不是時間的問題、也不是能力的關係，我們只是單純走累了想休息一下，這樣是沒關係的！

走了那麼遠的路，你的努力無庸置疑，辛苦也不必多說，這一路上也曾經因為失敗而一蹶不振，我們很懦弱、很膽小，會害怕失敗、會擔心別人的目光，我們永遠都在學習堅強的這條路上。然而，我也明白強迫自己，永遠換不來更好的成長。

就哭一下沒有關係！**不用當誰眼中那個堅強的女孩或男孩，不用做誰心中那個從來不會跌倒的強人。**

就哭一下沒有關係。多久沒有看到自己哭紅雙眼的樣子，多久沒有看見那個滿臉臃腫發紅、最赤裸的自己，就哭一下，沒有關係的。

我們永遠都在學習堅強，卻沒想過好好體會懦弱；我們認知成功、感受勝利，但要記得偶爾偷偷看看最赤裸的自己。

學習堅強、坦然懦弱。

22

在被看見之前

其實大多數的日子，我也會懷疑自己在堅持什麼、在努力什麼，追求的是怎麼樣的往後、現在的樣子又符不符合自己的期待。

我們還是需要被認同、需要被讚美，哪怕這世界只有一個人喜歡自己，也應該拚命從那個人身上獲得百般的力量。

所以，**有時候重點並不在於被誰看見、被世界認可，而是在於我們看見什麼、認定什麼。**你看，這世界上有幾十億的人，卻只有那麼一點的良善與肯定，只是成功的時機還未到，還來不及將美好分配給你。

在被別人看見之前，

想辦法先把自己活得漂亮。

23

無法被原諒

釋懷，是一個人的決定；彌補，終究是兩個人的選擇。

現在再怎麼改變，也挽回不了曾經錯誤的決定，彌補是對自己仁慈的說法，道歉是於事無補的證明。

時間終究帶不走一切，只是讓我們所在乎的過去更加鮮明，隨著時間、陪著歲月，一切輪廓皆更加明朗，**那些我們所記得的、那些與你相關的，所謂釋懷、所謂彌補，只是我們想要好好活著的方式。**

道歉與原諒，還是需要有對方的傾聽，如果真的沒有辦法彌補，下次就別再犯了。

好好活著、好好善良，

就好。

24

看看外面的世界

看到自己不再屬於某個小圈子的時候，總是感到特別失落。看著那些照片，本以爲自己應該要在裡面，卻沒有，總會有種說不上的難受感，既窒息又無能爲力，但也不可能硬把自己再塞回那個小圈圈中。

這輩子，註定是要與遠離這些人了。

發現的時候早已太晚，我有做錯什麼事嗎？還是中間發生了什麼呢？誰誤會了我什麼呢？怎麼沒人給我解釋的機會呢？還是我從來就不被含納在那個小圈圈當中？我總是這樣想著，想著、想著想到天亮。

沒有人會給我答案。甚至大家都沒有發現這件事，發現我曾經在這個小圈圈裡；又或者，發現我現在不在裡面。他們在照片裡笑得很開心，在社交平臺上互動著，偶爾還會有些群組冒出來，叮咚、叮咚的聊個沒完，但那些事與我毫無相關，有人知道我在裡面嗎？還是我應該出去？又或是我眞的被忘記了。

算了，反正那不過是世界上的一個小圈圈，我在圈外，世界反而更大。

踏出小圈圈，

就別再回去了！

25

致心軟的人

為什麼最後傷心的還是我們？為什麼我們的心還是
會痛？為什麼如此容易感受到人們的疏離、人們的惡
意？為什麼要體會這種落寞？為什麼對我們來說，那
麼輕易就能讀懂別人的心？聽到別人的討厭、聽到對
方的嫌惡。

還要笑著回應。

沒人會懂的。沒有人會聽得懂我們的解釋，就算彼此
曾經有過任何的誤會或不開心，我們的心永遠都是炙
熱且誠懇。不把那些過去放在心上，不會因此保有任
何惡意，但卻不能保證對方也是這樣想。若你哪天突
然跑來，我們還是會熱切的擁抱你。

或許偶爾冒犯，或者在不經意的狀態留下了彼此的疙
瘩，但我們從沒惡意，也無意如此。

事隔多年，才發現有些人默默的改變。或許是我們的
錯，沒發現別人慢慢的在改變，沒發現自己不小心惹
人傷心，結果才突然領悟，有些人只要降溫了，就再
也回不去。那些心很軟的人，就算會失溫，但只要一
句話的問候，就能重新溫暖起來，不論是對誰，都會

回予滿滿的熱烈。

親愛的，若你是這樣的人，偶爾有些無奈、有些苦衷不能說，但從沒惡意，所以容易心碎、容易受傷，請不要難過。你不孤單，也沒有做錯任何事，對我們來說，世界太吵，誰心裡的聲音、一個眼神，都聽得一清二楚。

有一些人、有一些事，就隨他去，珍惜身旁的人，現在愛你的人、當下你愛的人，這樣就好。

人真是一種太複雜的生物，心時冷時熱的，休息一下吧！別太累了。

心中偶爾有些無奈，有些苦衷，容易心碎，

但請不要難過。

26

不因為失敗，全盤否定自己的價值

「你真的很好啊！」我媽對我說。

「真的嗎？」聽到這句話瞬間讓我大哭了起來。

「你真好。」隔了幾秒，我妹說道。

整整一個月沒有寫文章了，這陣子天氣特別糟、特別冷，天空特別陰暗，對我來說拉窗簾似乎沒了意義，蜷縮在棉被裡都是一灘發霉的灰燼。

這些日子發生很多事，世界上最糟糕的事。我從沒想過要經歷這些。這一個月，我的情緒、我的感受、我的認知，經歷了這一生都沒體驗過的癲狂與扭曲。

我確實懦弱、顫抖、解離，很多人問我說：「事情會有絕對的答案嗎？」在絕望之巔，我還是回答：「沒有。」

所謂擁有，還是只能在失去所有之後，才會被攤開。「原來我曾經擁有那麼多啊！」、「原來我曾經也是一個幸運的人啊！」

可惜一切都沒有了。而失去也當然如此，失而復得，實是難上加難。

很難斷定一個選擇是絕對的錯誤或正確，這些日子我也做了許多瘋狂的事情，或許荒謬，甚至毀滅，但所有的決定都必須負起相對應的代價，沒人逃得過，你也是、我也是，我們就這樣掉進了贖罪的漩渦中。

這場腥風血雨的愛情，你我在裡頭撕裂、掙扎、咆哮，但還是用力拉扯對方的心，只想把握住這個沒有明天的心跳。

「明天的我，還能碰到這顆心嗎？」我們心中都有一個明知故問的答案。

在苦難中壓榨出來的愛情，不是愛。

經歷了一場被介入的愛情，懷疑一切我所擁有的價值：「是我不夠好嗎？」這句話一直盤桓在我心中，開始否定自己一直以來建立的自信：「是我不值得嗎？」忍不住這樣拷問自己。

所以，要為了一個不值得的人或一件不值得的事，否認自己值得更好的人、更好的世界嗎？

冷靜下來，問題似乎從來都不在我們身上，自然而然，也與我們身上的價值無關。

記得大四那年，也曾想要推甄臺灣的研究所，那時候的我想說算了，那麼辛苦出國讀書，還要花上父母親半輩子的積蓄，不如在臺灣讀一讀研究所就好。

和朋友們一起準備了幾個月，幾乎所有人都上了，結果我卻沒上。雖然臺灣的研究所非我心中第一志願，但也非常難過，看到自己推甄的總分，與最低分上榜的差距，心裡突然有種低人一等的感覺。

我逐一向在申請這條路上的人道謝，也向一位正在我申請的系所就讀的學姊告知，我沒有成功申請上成為她的學妹，但學姊卻跟我說：「這個地方，並沒有好到讓你懷疑自己的價值。」

瞬間，我清醒了過來。學姊的意思並不是學校不好或者我有更好的選擇，**而是真的沒有必要為了一間學校，否定自己過往一切的努力與價值。**

人生一路走來的風風雨雨，都是自己曾經努力過的證

明，並不是非要拿到什麼成就或留住什麼人，才能證明自己的價值。

或許會擁有、或許會失去，但成長，會一直留下。

不管發生了任何事，

都不該否定自己的價值。

保留一些彈性給自己

有些事情並沒有不好，只是人們太容易活在自己既定的框架裡，認為自己應該要持續符合某個樣子才是正確的。

最近，發現很多事情可以有很大的彈性，沒必要矜持在某個狀態下或標準中，更不需要為此折磨自己，而這樣生活，總有種偷來的快樂。

很多時候是自己沒有發覺，前陣子朋友突然對我說，他從高一認識我到現在，好像從來沒看過我跳脫「北一女好學生」的模樣，不論是檯面上或私底下，甚至我心裡的想法與態度都不曾離開這個樣子。聽到這句話的時候，我才發現這個事實，而我也不斷問自己：「這是對的嗎？」或者「這是好的嗎？」。

在那之後，我試著在一些無傷大雅的地方，偷偷放出自己心裡的小惡魔，踏出一直以來給自己的規範，慢慢的，在這樣的空隙中找到了生活喘息的空間。

接著，想簡單分享我踏出來的這些小事，雖然很簡單，對很多人來說可能稀鬆平常，但卻打破了我對自己從小到大的「行為準則」。**或許，在要求自己越來**

越好、符合某種社會價值觀的同時，也能保留一些彈性給自己。

最近開始看Netflix，常常看了片頭就不想繼續看。以前的我，會努力看完第一集，但現在的我，更傾向讓直覺主導。小時候看電影是一定要看完的，但就在上個禮拜，人生第一次因為電影劇情實在是太深奧，看到中場直接離開。雖然覺得有點浪費錢，但比起坐在那掙扎要不要繼續看下去，走出影廳還是自在許多。

以前的我，是一粒米都不會剩下的人，但最近在真的吃不下、身體狀況沒那麼理想的時候，告訴自己：「就只有今天放過自己吧！不要只是為了吃完而吃完，勉強將食物塞到嘴巴裡。」

很多人會在年末時統計今年看了幾本書，我發現通常只分為兩種人。一種是一本書都沒看也沒有買的人；另一種是看了十本、二十本甚至更多的人。會造成這種現象的原因，是很多人認為自己一本書都看不完，索性一本書都不碰，一年中可能連書店都不曾逛一圈。

說實話，我是個一年會買超過三、四十本書的人，但我也漸漸放下「一本書一定要從頭看到尾」的心態，只汲取書本中目前自己最需要的，若未來有時間再看完。所以很難義正嚴辭的說，我一年讀了五十本書。但我確實也讀了非常多篇章，對生活有很多幫助。若不要以一本書為單位，改以一個篇章、一個故事，或一個概念為單位閱讀，每個人都能在成堆的新書中有所收穫。

人生也是這樣子吧！**不求一個自始至終、不求一次圓滿完美，其實也可以是一種拼拼湊湊來的豐收。**

偷偷放出心裡的小惡魔，踏出自己的規範，

讓心找到一點喘息空間。

老去

不常出門，也漸漸變得不喜歡出門，但就這樣平白無故的老去，又覺得特別遺憾。

有些時候拍拍照片、照照鏡子，還是會覺得自己很漂亮，但這樣漂亮的意義又在哪？我找不到漂亮的意義，也找不到漂亮的地方，一定要有人稱讚我的漂亮嗎？可能會覺得我膚淺，但我無法自顧自的盛放，太累了。

老去應該充滿意義，應該換來故事，讓我心想也心願，這樣才是白髮的真諦。

但這兩年眼尾下鬧上的皺紋，又不與成長相應，我覺得難以面對與痛心。我可以接受我的老去，也可以接受不再年輕盪漾，但我無法接受老去卻沒有換來豐收的青春。

雖然稱自己「少女」，但買保養品的時候卻總在看「抗老」系列。**人們太害怕變老了，變老真的不好嗎？以往總覺得害怕變老是因為我們正在失去，是不是因為我們沒有用這些年歲換來相對應的豐收？**

今年殊不知已經四月，而這年大概是我人生目前為止最大的劫數，不知道經歷過這些的我，會變得多麼強大，還是我撐不到那個再次盛放的季節？

我想要永遠年輕，也知道這句話的意思是心態年輕，恐懼是因為我目前還做不到，所以害怕。

我是一個極其討厭保養的人，尤其是敷面膜。或許該歸咎於我的不耐煩，我認為敷面膜是一種極度不自由的行為，一個月連二十分鐘都不願意割捨給它。但最近看著臉頰上的凹陷與歲月，我對得起這些歲月嗎？

我不想害怕老去，因為我知道我一定會老去，而我們正在老去。願我們永遠青春且漂亮，就算哪天年華已逝，也對得起曾經的絢爛，起碼換來了別樣的風華與美麗。

老去並不可怕，

只要對得起這些過去的歲月。

29

真心愛你的人一定會留下

時間可以澆灌出一切開花結果，所以不要急、不要慌張，不要爲了禁不起的等待，讓自己再度受傷。

我明白對現在的你來說，緣分有多可貴、陪伴有多得來不易，但你要知道，有些人，還是只能錯過。

感動多半會帶來好感與喜歡，那種感情甚至會讓你懷疑自己是不是已經陷入、是不是已經違背自己不再相信愛情的諾言。**但在人生最脆弱的日子裡，你要先懂得痊癒才能再次相愛。**

我們曾經沒有這些陪伴與纏綿，一個人也過得很好，自己能帶給自己快樂，所以千萬不要忘記自己有多麼堅強。

他只是剛剛好在你哭泣的日子，闖進你的生命裡，或許換個風和日麗的時刻，結局就會不一樣。這世界的溫暖，絕對足夠重新燃起你的灰燼，只是你還有沒有勇氣，再去爲一個人炙熱。

交給時間去篩選吧！眞心陪伴你的人，一定會留下。

也許你不習慣一個人去旅行，但沒關係，現在開始可以試試看。

你可以懷念、你可以緬懷，但過去不是未來；你可以心碎、你可以痴醉，但不要讓任何人，成為你的安慰。

謝謝曾經陪伴你走過這段歲月的人，

　　但切記不要依賴、不要傷害。

30

一個人也過得很好

你知道嗎，自從你離開以後，我變了好多，變得完全不像我自己，甚至有時候對自己的舉動都感到很驚訝。對於這件事雖然喜憂參半，但也只能順其自然。

讀幼稚園的時候，因為學校很大，早上上學都要先在靠近大門的教室裡面等，等老師來帶我們，走到幼稚園一間一間的小木屋上課。那時的我，只要媽媽一跟我揮手再見，我就開始嚎啕大哭，一直哭一直哭。

那種不安全感與恐懼的感受至今都還記得，但哭完之後，我就會一個人靜靜坐在教室裡，回想與媽媽道別的恐懼。

去雲門舞集上課的時候也是，還記得那邊的教室，在對外的方向都會有一面很長的玻璃，可以讓外面的家長看到孩子們在裡面上課的狀況，媽媽會一直站在玻璃外看著我上課。但有一次媽媽去洗手間離開了幾分鐘，我一轉頭看不見媽媽，又開始哭得唏哩花啦，弄得整個舞蹈班的老師手足無措，還是媽媽又聽到我的哭聲才慌張地跑了回來。

從中紅班變成大紅班之後，我好了一些。上了小學再

更好了一些，我不再哭泣，但那種對於陌生人與環境的害怕與恐慌，是你離開之後我才徹底改變的。

這樣子的改變，在大多數人看來都是好事，代表獨立、懂得獨處、學習自主，但其實過程真的很辛苦，那種極度焦慮的不安全感是天生的，而再也沒有你陪伴的晚上是被迫的。

你離開之後，我發現這世間的分分合合都太過尋常，不願別人看見我的悲傷，也無意再將所有的感情放在一個人身上。我把自己封閉起來，每天只跟自己講話，開始一個人吃飯、一個人去咖啡廳待一整個午後、一個人去逛街、一個人看電影、一個人去酒吧，開始一個人做好多、好多事。

發現我最喜歡的單品還是衣索比亞的日曬，發現我更愛一個人去逛街，無需過問別人覺得好不好看，買的就是我最、最、最喜歡的，哪怕拿回家之後獲得我媽一個白眼；我開始不用在意朋友笑我在電影院哭，哭得再淒慘也是自己爽快；我喜歡一個人坐在酒吧的吧檯，認識來自四海的人，參與他們的曾經。

一個人能做非常多的事情，我一個人能夠拍片、能夠寫部落格，能夠去爬山，能夠去海邊玩，當然偶爾會有那麼點尷尬，但那種尷尬也是在訓練自己的過程，就像我在滿是情侶的海邊請他們幫我拍照一樣。

有時我也會責備自己太愛單槍匹馬，所有的事情都想要自己扛下來、自己完成，不太願意再相信別人、不太能夠再很親切的跟一群人搭話，我思考這個問題好久，也在對與錯的兩極拉扯。

其實，一個人可以過得很好，很精采、很漂亮、很閃亮、很繽紛，一邊生活一邊等待就好，等待一個人，願意再次牽起我們的孤獨。

試著一個人過得很精采、很繽紛，

不再害怕一個人的孤獨。

人生很難，
所以要明目張膽的去愛

這段青春，

絕對是最好的幸運、絕對是最美的光陰。

我們都因為彼此，成為了更好的人，

或許也因此成為誰的更對的人。

01

真想早些認識你，
早些擁抱你

小時候大家都有過同樣的想法，爲什麼世界上寫愛情的歌那麼多？爲什麼每一首歌都在講道別、講後來、講轉身、講虧欠？對小時候的我們來說，感情占生活的比例大概是零，所以喜歡一首歌，大概也只是因爲正流行。

大人流行以後，就把這個流行傳給了不懂事的我們，年輕的我們接受大人的流行，跟著喜歡、跟著瘋狂，背歌詞只爲了可以跟著同學一起唱，校外教學的時候，在遊覽車上不要那麼尷尬；現在的我看歌詞，有時候會看到自己的故事，我跟你的故事、我跟他的故事。

但大部分的時候，我還是希望這些故事不要發生在我身上。

大人爲什麼要愛得如此無能爲力？還是那麼無可救藥，或者，無話可說、無所適從，我曾經在你心裡，難道不是無與倫比的嗎？你不曾說我是這個世界上〈無與倫比的美麗〉嗎？所以一切都會變的，是嗎？

有人說，之後年復一年，就只會剩懷念，懷念以前沒

有裂痕的日子。

你知道嗎？很多事情，都只是因為「我愛你」三個字，我偶爾也會忘記，但那些憤怒、焦慮、盼望、痛苦、流淚，那些沒告訴過你的悲傷，都只是因為愛。或許到手的愛，隨著年年歲歲就特別讓人厭倦、開始廉價，但相愛的兩個人有多麼不容易，曾幾何時，我們的時光是多麼珍貴。

後來那些時光，都浪費在過去的故事上、都虛擲在一時的情緒與衝動裡，尖銳的話、陌生的眼神，還有無人接聽的電話。

每個人都帶有各自的傷，都有不想提及的過去，所以不要重蹈覆徹，最愛的人往往是傷對方最多。

很多時候，真想早些認識你，早些擁抱你，這樣你就不會帶著那些我治癒不了的傷與我相遇。

這樣你就不會，是我聽到那些歌時，想起你的人了。

有人說，幸福的人都是相似的，不幸的人各自有自己

的悲傷，我想，所以幸福還是很簡單的吧！一生、兩
人、三餐、四季，四時如你，有你、有我。

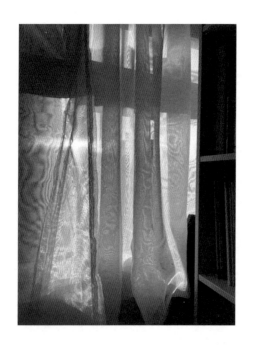

每個人都帶有各自的傷，

都有不想提及的過去，

所以不要重蹈覆徹。

02

我正好好走過你

我們都以為自己早已做好了分手的準備，常常想像單身的快樂，迫不及待體驗一個人的生活，一個人可以沒有牽絆、沒有顧忌、沒有理智的生活。或許事實上，我們早已沒有理智，在某個不為人知的時候。

我們從未真正離開一個人，當然，最壞的習慣還是因一時情緒講出的「分手」二字，但我真的從沒打算離開你，或離開任何人。

結果那天，你還是殺得我措手不及，當你傳訊息跟我說「分手」的時候，在我因為情緒，不小心說出這兩個字好幾次之後。

我好後悔。

我知道，你的分手跟我的分手不一樣，也知道接下來我講出來的這段話有多自私。就算我在心裡曾數過千萬次想與你分手，隔天早上起床，還是期待看到你的早安。

我知道，當你說了離開就是真的離開，你不會說了分手不封鎖、你不會說了道別還給我溫柔，你說你的心

一旦冷了就是冷了，我不是能夠再次讓他炙熱的人。

分手那天，我以為自己終於擁有了自由，是脫韁野馬般的快樂，結果晚上才發現，我失去了晚安，每天早上，失去了打開手機的唯一一封早安。一年三百六十五天，這幾年，千百個日子，這些早安、這些晚安堆成了家，而我，找不到家。

不確定我們是不是早就沒了理智，不是沒理智的吵架、不是沒理智的說散就散，而是沒理智的「太愛」。

很多人會說，相愛是兩個人的事，但分手是一個人的事。不過他們都忘了，所有的爭執、一切的不快樂，兩個人夜半落下的淚水，都是兩個人的事，沒有一個人必須為整段感情負責，也沒有任何一個人逃得掉所有責任。

我曾自責，那些在情緒下說出口的話，我很後悔，後悔我曾脫口而出的分手；我真的愧疚，愧疚我沒有活在跟你在一起的當下。

但你知道嗎？我也曾因為你哭了一整個晚上，因為眼睛腫得太紅而不敢去學校；我也曾因為你不知道說了什麼，讓我真的好想好想逃離你，我真的失望過、落寞過，覺得孤單過，哪怕你在，這些也都是真實發生過的。

雖然現在的我只記得你的好，只想得起你對我的微笑，失去你這件事卻讓罪惡感填滿了我的心，但我正在好好告訴自己，我有犯錯，但不全然是我的錯，然後檢討、反省、改正。

我正好好走過，走過你、走過過去的我，遇見更好的人。謝謝你，有一天我會成為百分之百真心謝謝你的人。

這篇文章是我本來寫給室友L的。

她上禮拜分手了，特意傳訊息跟我說。在我看來，對方的心早就飛到了分手之後，過起了美好的單身生活，我問她怎麼那麼突然，她只回我：「他不要了。」

我知道L有多愛他，因為這半年我看著她有多努力的想要失去理智，想要失去理智的說走就走，走去更愛她的人身邊，但她還是沒做到，她選擇留在自己最愛的人身邊。

「你可以難過，你可以大哭一百場，可以喝酒喝到沒日沒夜，你也可以邊刪照片邊落淚，邊丟禮物邊哽咽，但你不可以把所有的錯都攬在自己身上，好嗎？」我沒辦法對L說什麼，這是我留給她的最後一段話。

讓彼此去遇見更對的人，

別把所有錯攬在自己身上。

03

你是我青春唯一的狂妄

嗨，親愛的。

十點二十，我到家了。今天是標準的臺北天氣，雨下得破碎，打在眼睛裡讓世界一直在失焦。但路燈下的雨絲像雪，我看著看著，也當自己在玩雪。

淋了一身濕。我今天在外頭無意義的晃了一天，出門的時候我不知道去哪，只是覺得我不應該在這。

這幾天我總想，這一生中遇見千千萬萬人，一天能與多少人擦肩而過，而臺北那麼小，我總會與你路過。怎麼算，這機率都不小，怎麼算，我都早該遇見你，除非你刻意避開了我，選擇避開我的一生。

也或許我們會遇見、會轉身，只是我們早已不似當年。 那個當年，也沒多久之前，我不知道是不是成為了更好的人，還是面目全非。

當年你認識我的時候，我一無所有，唯一的自負只有年輕；唯一的狂妄，就是相信失去你之後，會遇見更好的人。而現在的我，什麼都有，非常富有，卻失去所有。

其實很想跟你說很多事。這一年，我認識了好多、遭遇了好多，也難過了好多，不可否認的，身旁來來去去了許多人，但不曾有人給我個家。

不知道你現在過得可好，但希望你很好，不辜負我當年的狂妄。

我們一定要因為彼此，

成為更好的人。

04

你有想起我嗎？

你有想起我嗎？我不奢求想念，只是想起，在你重新來到這座城市時，在你偶然踏進哪一條街道時，在你嚐到什麼味道時，你有想起我嗎？還是我已經被其他人的氣味所掩埋，你現在想到的是別人，不是我。還是我早不值得一提，甚至不是飯後家常。

我是你不能談起的人嗎？還是早就忘卻的人、早就不屑一顧的人、早就不承認的人，是嗎？你想起我的時候，會痛嗎？還是你真的不會想起我了。你不要回答可以嗎？

很多人說這世界很大，仔細走的話臺灣也很大，但我跟你說，我覺得臺灣真的好小，因為就算我火車坐到盡頭，還是會想起你。

以後就算我飛到遠方，也都會是你，因為我們曾一起說過好多夢想，這世界的每個角落，都是我們青春時的約定。你記得嗎？不要記得，不要記得我們說過那些童言童語：幾歲要去哪裡玩、幾週年要去哪裡慶祝，結婚了要去哪裡，我們還會為了這些事吵架，好像這些事真的要發生，好像你這輩子，真的只會愛我一個人。

我曾經因爲你也很喜歡小孩子，所以好快樂，眞的，因爲你跟我說未來的那些夢想，也好快樂。

我知道我們很常很常吵架，我知道你之後很常生氣、好不快樂，我也永遠記得最後你跟我說了什麼話，永遠記得，你連最後一面都不肯見我，我知道後面發生了好多悲傷、但我不記得那些事，我好憎恨，我的腦子沒讓我記得你的不好，永遠只能想起你對我笑的樣子。

你有想起我嗎？偶爾，或是睡不著的時候。

有些人想念的時間，比戀愛還長；有些人落淚的日子，比快樂還多。你不知道的事太多，但希望你可以原諒我，希望你可以徹底的將我忘記，希望你還是跟當初一樣狠心，把我丟下，或許知道我很難過，也知道我每天都在哭，但你還是可以假裝沒看見的，所以你一輩子都可以假裝沒看見我。

不知道這些沒有你的日子，是怎麼逞強過來的，醫生說我生病了，他總叫我說說你，談談我們以前的日子，說說我對你的印象。我總跟他說，我什麼都不記

得，但當有人說到你的時候，我會不自覺的掉淚，或許我太害怕了、太難過了，把所有事情都忘了。

我曾在遠方看過你一次，沒有我在身邊的你，好像看起來更快樂，你跟一群朋友在一起，你沒有哭，你看起來很棒，我很高興。

所以，我轉身了，我想那會是我最後一次看到你，這輩子。

我想，我只是比較常想起你而已，

但我沒事的。

05

我不想做你的，惦記之人

我不想做你的，惦記之人，所以請你千萬不要想我、不要念我、不要愛我，也不要對我上心、不要對我動心，我只是你生命中一個平凡無奇的過客，跟大部分的人一樣，跟所有人一樣，我們只是剛好生活在同一座城市、剛好說著同一種語言、剛好在某個剎那看進了對方的眼底，然後深深吸引、然後越走越近、然後無法自拔。但也就僅此而已，沒關係的。

我們一面之緣，但兩情相悅，我是三生有幸，想與你共度四季。但我不再青春，不再為一份機率趨近於零的愛衝鋒陷陣，所以你也別為我赴湯蹈火，我不值得、你太值得，我們倆都不需要戰死沙場。

我不想做你的，惦記之人，**不要對我認真、不要對我說任何會讓我懷念幸福的話，我不需要幸福，我害怕戒斷，所以請記得我是一個刻薄的人，或者一個濫情且博愛的人。**

我不想做你的，惦記之人，

　　請你千萬不要想我、念我、愛我。

06

我們不再做情人

我們不再做情人，但你不要抱歉、我沒有虧欠，我們兩不相欠。

曾欣喜、曾動心、是曖昧、是遺憾，但我們帶給彼此最好的價值，即便是過客，讓我們在不名正言順的失去裡，**更明白自己要什麼、自己愛什麼，我陪你走過這段掙扎，你陪我度過這段成長，後會有期，只要記得別來無恙。**

哪天，再回頭來看看青澀的今天，我帶著當初對你的心動、你帶著曾經對我的動心，雖然無法陪伴彼此的餘生，但這段青春，絕對是最好的幸運、絕對是最美的光陰。

我們都因為彼此，成為了更好的人，或許也因此成為對某個人來說更對的人。

這段青春，

絕對是最美的光陰。

兩個人相遇的意義

謝謝你，出現在我的生命中，我們不再相愛，也不再親吻，但等到我七老八十，偶爾無意間想起你，還是會微笑著：「啊！你是那個我年輕的時候、最漂亮的時候，最轟轟烈烈愛過的人，那個曾經我想白頭偕老的人。」

其實兩個人相遇的意義，在於照亮彼此的遠方。或許我們都曾在人生最荒蕪的時候，像是我剛回臺北、你剛要進入社會，牽起對方的手，然後努力拉著彼此朝光亮處走去。其實我們這一年的故事並不簡單，走過了太多太多，我們都辛苦了、也盡力了，再怎麼說那些浪漫與歡笑，是我絕對不會否認與丟下的。

我曾把熱烈給你、你以溫柔待我，我再把純粹奉上，你讓幸福開花。

你說我們的誤會太深、我們的道別還在擱淺；你說，是時候該好好的道別，對不起，也謝謝你。所以我也該原諒了，原諒我們所有的甜蜜、所有的虧欠，原諒我們曾幾何時的承諾，是時候該把你好好的用淚水擦乾，放在今生最美的櫥窗裡，偶爾經過，才看上一眼。

感情無關認識的時間長短、無關相處的分秒必爭，有些時候，就像我跟你之間，對上眼便註定了，但再多留戀，便是遺憾。

你說我會找到我的星星，然後忘記已經熄滅的你。我還是跟以前一樣，希望你記得有一個人，曾經想要犧牲她的一切只願你好、只願你快樂，她相信你很好、也會閃亮，希望這一年我們帶給彼此的轉變是好的，也讓你體會到，那麼深刻的愛與被愛，是多麼得來不易的事。

緣分很難說，未來會發生什麼事，我們又會如何，我已經不敢喧嘩，但是，嘿！你要記得，如果未來的你過得不幸福，我所做的一切才是徒勞。

願你安好，平安快樂。

那麼深刻的愛與被愛，

是多麼得來不易。

08

你可曾來過我的生命中

致老朋友。

好久不見，不知道你最近過得好不好。我們道別後的日子你遇到了什麼事、遇見了什麼人，其實我偶爾還是會想起你，好奇你的近況，總覺得有一天手機會再次因你的訊息而亮起。

可惜青春已過，從剛剛開始的等待，看到每次手機通知都期待是你的欣喜，到現在，或許我習慣了，也放棄了，不可能了，也不會是你了，而我也沒有任何勇氣去知道關於你的什麼，不管是好是壞。

「從前車馬很慢、書信很遠、一生只夠愛一個人。」這句話一直都讓人心碎，但心碎的是背後的事實，我們不願面對的那份事實。

以前，可以怪罪車馬、可以斥責書信，甚至能夠抱怨戰火，但你知道嗎？現在的我們太近了，近到我怎麼樣都能找到你，也怎麼樣都能得到一個答案，不是訊息有沒有傳到，是你想不想再聯繫我的答案。我可以知道你未讀、已讀，或回覆，甚至封鎖、刪除，但這些太傷人、太痛苦了，請原諒我不敢再犯難一次，原

諒我只能寫這封信給你。

有時候在路上走著走著，突然看到一個人的背影，心裡就會閃過你的笑容，當下的我會手足無措的愣在原地。時間停了、心跳慌了，不知道那是不是你，如果是你，該怎麼辦，看到我會不會形同陌生人，還是會給我一個全世界我最懷念的微笑。

還是那不是你，只是髮型太像，鞋子一樣，又或是輪廓有點類似罷了。最後我總是選擇逃走，不管結果是什麼都太傷人、太痛苦了，我太過害怕，原諒我不敢再勇敢一次，原諒我只能寫這封信給你。

很多瑣碎的瞬間，我的心還是會突然墜落一下，想起你，猶如一部電影、一首歌、一句歌詞、一條馬路，還有今天的夕陽，或無數等天光的日子。

通常我會用一首歌或是一個歌單框住一段歲月，無止盡的循環播放，放到當我聽到那點旋律、那幾句歌詞，就會想起你、想起你的感覺，那種感覺就像是我站在忠孝東路的十字路口，閉上雙眼、戴上耳機，就能完完全全的感受到你站在我身旁。你手心的溫度、

你散發的氣息，你的心跳聲、你的呼吸聲，雖然只要一睜開眼就不見了。

不知道你可曾來過我的生命中，我已沒有任何證據。你不在了，所以那段歲月也不在了，我的記憶只停留在那年仲夏。

你還在同一座城市嗎？現在在做什麼呢？你會看到我寫的這封信嗎？現在的你，可以抬頭看看天上的星星嗎？如果你看著的話，真是太好了，雖然我們好遠好遠，但星星會告訴我，你來過。

想起你，

猶如一部電影、一首歌、一句歌詞，

或無數等天光的日子。

09

這是我的愛，沒有定義

愛的反面到底是什麼，這個問題我想了好久好久。從今年的生日，或從去年四月，或更久更久以前想到現在。我現在或許有個暫時的答案，但沒有對錯、無分黑白，只是走到二十三歲，談了幾段感情，失去了幾個人的答案罷了。

我在限時動態問了大家這個問題，大概有一半人的回答是「恨」，另一半的人說是「冷漠」、「漠然」、「無視」。第一個收到的是我妹妹的訊息，她寫了「遺忘」二字，絕對沒錯，這是必然的結果，但在還沒有走到那個遠方之前，我的答案是「不愛」。

愛的反面，是不愛。

為什麼是這個答案，原因是沒有人可以給我一個完整且信服、圓滿的愛的定義，就像是「　」的反面是「不『　』」一樣，你說你的愛是什麼，或許你可以回答的淋漓盡致，講得頭頭是道，但還是沒有辦法保證你的愛跟我的愛一樣，連恨這個字都是，比如說今天我們要區分「喜歡」與「愛」、「恨」與「厭惡」，都是很困難的事。

愛是占有、愛是本能、愛是無條件；愛是自由、愛是包容、愛是無盡頭，我無能為力評斷這些事的對錯，甚至它根本不分青紅皂白，就像是，我愛你沒有理由，我願你好、願你幸福、願你快樂。我對你的溫柔，永遠不變，不隨日月星辰、不問三餐四季，你在我心中，永遠都占有一方陽光。

僅因為我愛過你，如此而已。

這是我的愛，沒有定義。但定義無關緊要，是我看你的眼神、是我擁你的真誠，還有我吻你的引火自焚。

所以，我再也不想討論愛是什麼，或許我對每個人的愛也都不一樣，或許有一天我會遊戲人間、浪蕩紅塵，我也不想再過問你的愛是什麼。總之那是份感覺，若把愛這件事重新定義為一種感覺，顯而易見的，就是有跟沒有的區別罷了。

而所謂的「愛」，也只有對方才感受得到，我們自己的回答或許都不能算數。

像是我說：「我不愛了」、「我恨了」、「我忘了」，

這些似乎都很難證明，只有對方真正感受到，那個曾經愛他的你不存在了，這個答案才說得上正確。

我不愛了，但或許我依然在乎；我真的厭惡你了，但當你站在我面前，我還是會衝上前吻住你；什麼都忘了，但哪天你的電話再次響起，我可能還是會本能的接起，而你的回憶依舊湧現。

「就好比說，我說，我們此生不復相見，但我永遠等你，再次出現。」

你在我心中，

永遠都占有一方陽光。

10

愛，先給自己

我從來沒有那麼勇敢的喜歡自己過。你不瞭解我，我不怪你，但你無需強詞奪理，我本無關緊要，你也應不以為意。

這是一句很老的話：「人的一生會遇到3000萬人，而兩個人相愛的機率是0.000049。」所以你不愛我，我不怪你。後來我想了很多很多、聊了很長很長、看了很遠很遠，原來，不是愛人錯過，而是真心錯付。

我請A讓我在附近的酒吧下車，我們剛從健身房大汗淋漓，快到的時候我就覺得這裡格外熟悉，兩旁人行道乾淨，圍牆豎立，是學校。到達的時候，好巧，真的好巧，是這裡，不久之前我來過一次。

那天很悲傷、好悲傷，我跟L坐在整間店最角落、最後面的位子，放聲大哭。

不是痛，也不是揪心，更沒有想起那天嘶吼的理由，物是人非，當初的我已不存在。雖然沒幾個星期，但全世界都變了，我也面目全非，不知道為什麼還有種遺憾的感覺，遺憾一顆星星的殞落，那顆星星是當初那最純粹、透明的自己。

輯三　人生很難，所以要明目張膽的去愛

不是愛人錯過，

而是真心錯付。

可能還不明白好多事情的珍貴與無價，我沒有辦法剖心切腹，把真心放在你面前，讓你抱著安穩入睡，**所以我不怪你，因為我也不想再怪自己。**

現在我對一切都看得很平淡，就像在讀一本書時的同情與憐憫，看著那份曾幾何時。雖然很短很短，但單純執著的愛情，真的很美。我不會否認自己曾經的赤裸，甚至想要極力承認，沒有必要自欺欺人。

而你的真心，本就該無關緊要，是我多管閒事，我們的來日方長，本就世事無常。

放下，讓一切遠去。愛，本就該先給自己。

11

不會後悔任何光陰

最近人們總愛問一句，有什麼是二十年不變，二十年如初、二十年如一日的？這讓我想到一段對話，不知道為什麼當下自己能說出這樣子的話，但或許，下次再遇見一個那麼深愛的人的時候，就會明白了。

那天，我已經快要忘記的那天，被迫忘記的那天，沒有選擇忘記的那天，死都想忘記的那天，我人生沒有的那一天。

冷，真冷，夜裡，世界嘈雜，我也依然哽咽。

我的雙手太冰，所以一直都不敢在深冬牽起對方的手，覺得有罪惡感。我好怕，不想要他的手因為我而刺骨，但那天是我們碰觸的最後一次了，所以只能牽起，紅著眼、淚流著。

「現在，是我人生最漂亮的時候，二十幾歲，正年輕、正閃亮，我現在那麼漂亮，對嗎？我想要在人生最漂亮的時候，跟你在一起，好嗎？哪天我不漂亮了，你可能就不會那麼愛我了，我現在最漂亮了呢！」

我不會後悔任何光陰、不會怨懟任何相遇。我看自己傻，超級愚蠢，犯過一大堆不敢說的蠢事。總說愛情會令人盲目，確實，甚至成了一個瘋子。

但還好，真心，錯付的淋漓盡致，看自己曾經如此深愛，想要攬盡全世界的美好給他，想要封存最漂亮的自己給他，我什麼都可以不要，但你要很好，這樣就好。

至少，我懂得什麼是愛，

也愛過，正傷重。

12

刺激

他用「刺激」兩個字，難怪我上癮。

某天晚上，星期幾我忘了，H一樣很晚才下班，偶爾我會開玩笑跟他說：「老闆，你可以早點下班嗎？」他一定知道我真的沒有在開玩笑。

他問我：「你在哪？」打了通電話給我。
「凌晨十二點，我當然在家。」我說。
「在幹嘛？」他問。
「喝我爸因為失戀送我的二十一年XR。」想起來那天我絕對是故意空腹喝酒，才行事如此不計代價。
我晃著玻璃杯發出冰塊撞擊的聲音，他一定猜得到我的心機。

他說：「我也好想喝酒。」又說：「我買宵夜給你吃。」邊抱怨他走了超遠才抵達滷味店，一年二十四小時不打烊的店竟然今天沒開。

電話突然斷了，訊號不穩，我以為他進了他家裡的電梯「Poor connection」，所以掛上電話，過沒兩分鐘，他傳訊息跟我說：「你家的燈為什麼還沒關？」這句話榮登我回到臺北最讓我小鹿亂撞的一句話，甚

至超越前男友。

他又說了一句：「你家是白色大門的那戶嗎？」

這輩子還沒有瞞著我爸媽出門過，我們家的格局算開放，所以我的一舉一動，包含半夜三點回到家，爸媽一定都會被吵醒。

於是第一件事就是先想好理由，大概就是我真的太餓了，所以現在凌晨一點，準備出去買東西吃，如果我爸媽醒了就這樣跟他們說。

關了家裡的燈，穿上外套就出門了。讓我穿睡衣出門的人，他是第一次，我毫無防備，剛洗完澡、剛要去睡覺，沒有任何偽裝、衣衫、妝容，真是太赤裸了。

他買了小火鍋來，說他還沒吃晚餐，另一隻手拿著好幾罐超商的9.9%啤酒，不意外，我們見面的日子沒有一天是沒有酒精的。

凌晨一點半，肆無忌憚的在街上唱歌，第一個我們不缺錢、不缺時間，沒有明天朝九晚五的壓力。第二個

我們沒有任何關係，不是男女朋友的關係，也不是必須負責的關係，更不是一方不夠清醒想占據對方的關係。第三個他很聰明，這是我見過世界上最聰明的約會方式，他用最短的時間在路邊租了一臺iRent，我們就在車裡吃了起來，聽著夜店會放的音樂。

這招浪漫，是我這輩子感受過最驚喜的舉動前三名，你們也可以學一學，記得先註冊iRent帳號。雖然說起來沒什麼，但對一個尚未出社會的女生來說，在這個偷偷出門不知道去哪約會的夜晚，一個男生在路邊租了一臺iRent與你談天說地，聊彼此的故事還有近況，真是非常浪漫的一件事啊！

大學談戀愛的時候，十點回家就算晚了，一餐宵夜更算是奢侈，怎可能還有酒精作伴。大學畢業後談的戀愛，終於可以晚一點回家，但頂多是凌晨十二點、一點，而租一臺車只為了在路邊吹冷氣聊天，我們也從來沒有那麼闊綽，剛出社會面臨經濟獨立的壓力，很少有一對情侶可以在夜深人靜的平日晚上，心血來潮的見面。

對，就只是因為，心血來潮。

我問H：「你之前也常這樣半夜突然闖到別人家門口嗎？」

他對我毫不避諱：「對。」

「女生都會答應你出來？」我問。

「當然啊！」他說。

「她們的家人也都在？」很好奇是不是只有我會上他的當。

「這樣才刺激不是嗎？」他邊吃著小火鍋邊說。

難怪我上癮。

在一座城市的中心，在臺北市最繁華的路上，萬物喧囂落盡的時刻，眾人皆沉的午夜，兩個人坐在車上，只有路燈暈黃的色調，透著彼此的輪廓，雖然我不敢與他對視，因為，我對他沒有防備，這樣的夜晚對他而言或許再熟悉不過，但於我，我不敢沉迷於他的癮。

只是兩個孤單的人，只是他比我長了幾歲，好像已經完全承認自己就是這樣的程式碼，出生的時候靈魂上就寫著「孤單」二字，而我還在掙扎罷了。

這件事最後在我身上也只發生過一次，就是寫下來的
這一次。

我再也沒遇到一個人會租車來約會，而我不會開車所
以也無法租車。**許多故事很浪漫、很激情、很不可思
議，想起來念念不忘、令人上癮，但嚐過就好，因
為我們都知道那不會是朝朝暮暮，也不會是真正的愛
情。**

有些故事很浪漫、很不可思議，

但嚐過就好，

因為那不會是真正的愛情。

緣分

常常問我媽：「緣分到底是什麼？」

人們總是把好多事情歸咎在上面，這個詞像是被賦予了世上所有情愛的因果關係，但到底能代表什麼呢？人們還不是說斷就斷、說散就散，但我們好像也別無選擇，只能把所有痛苦怪罪在這個詞上。

我們並不無奈、並不逼迫，只是需要一個藉口推卸。

有一陣子的網路調查，很多年輕人的夢想職業都是：「Influencer」、「Freelancer」、「YouTuber」等，因為這些職業似乎沒有任何門檻就能賺很多錢。工作時間、地點都很彈性，也沒有人約束，不需要跟任何人交代，只要做自己就好。

我想對部分幸運的Influencer或YouTuber來說，真的是這樣，也許只要付出相對少的勞力與時間，就能換取巨大的報酬。但對絕大多數的網紅來說，不幸福的部分可就多了，而這些是沒有親身經歷過，就絕對無法體會。

自從我在大學四年級成為一位YouTuber之後，維持著

每個星期五晚上更新影片的頻率，每個禮拜運用課餘短短的兩個小時拍攝影片，但沒想到在我開設頻道不到三個月，就面臨一大堆人生最糟的狀況：和初戀分手、因為負評登上網路新聞，還有沒日沒夜鋪天蓋地的人生攻擊。

每天想哭卻不能哭，想哭便要趕快騎腳踏車去買冰塊冰敷，就算要哭也只能掉三滴眼淚，因為哭多了，眼睛就腫了，腫了就不能拍片了，不上片大家就知道我出狀況。我能不斷跟大家傾訴我剛分手，所以心情不好嗎？哭訴我真的受傷得很深嗎？

現在回頭來看當然可以，消失一陣子也沒關係，但對於剛開始經營頻道的人來說真的很難。且事實上所有的人，都無法接受任何一個人不斷的傳送負面情緒，何況是一位應該帶給大家正面、樂觀態度的網紅。

我能失戀嗎？我能因為今天失戀就不拍跟廠商合作的照片嗎？我能因為身體不舒服，就連續好幾個禮拜都不笑上鏡嗎？

對許多廠商來說，網紅的工作雖然自由，但也等於不

分平日、假日。所有的行程安排都已提前簽好合約，週末也要回覆訊息，逢年過節更要發文跟大家一起慶祝。

或許我還是可以跟朋友們分享我失戀了、很難過，但另一方面，卻還是得上傳漂漂亮亮的照片。有時候，真的都快要不認識自己。

一般來說，我幾乎可以控制自己所有的情緒：「現在應該難過嗎？」、「這個哭有必要嗎？」、「還是不要哭就好了？」、「這個情緒能讓我獲利嗎？」、「這個情緒會帶給我什麼麻煩？」有好一陣子，我所有的情緒都是經過思考的，很不正常，像個經過縝密運算的機器人，不知道怎麼開心、怎麼難過。

R，是我第一任男朋友，我從大學還沒開學的時候就認識他，一直到畢業前一兩個月，他占據了我大學全部的日子，三百六十五天的四年，他每天都在，訊息也好、見面也是。結果到大學畢業那年的四月，從每天見面，到突然之間就一輩子再也不會見到。

一直覺得這種變化很不合理，即使是現在，也覺得好

不合理。有些地方就是怪怪的,前一天晚上還在期待明天見面的笑容,怎麼突然說不再見面,這個人就真的不見了。

三年過去,我並沒有放下,應該說,我不知道什麼是放下。**放下是想到這個人的時候露出會心一笑嗎?覺得雲淡風輕、海闊天空嗎?原諒相遇、釋懷道別嗎?**真的不確定人們說的放下,到底是什麼意思。

但我發現,每次有人離開,過不了多久,不用太久,我便會開始遺忘,遺忘所有關於他的一切。

不是金魚腦般的健忘,也不是時間久了的慢慢淡忘,是真實忘記,懷疑這個人是否不曾出現在我的生命中,懷疑這個人是否有真實存在於這個世界。看著那些照片,讓我覺得很假,幸福很假、快樂很假、我很假、你也很假,什麼事情都像大夢一場。

若現在問我大學四年的任何點滴,大腦提取記憶的那條路好像被堵住了,沒辦法找到那些記憶,他們應該在,但我找不到。

前陣子，發現了這個問題，我問醫生：「這是什麼病？」

他猶豫了一下，只說了三個字：「不健康。」
這世界太殘忍了，我根本找不到地方痛哭啊！沒有人會讓我連續哭一個月，沒有人會准許我一個月都躲在棉被裡，沒有人會准許我墮落。那些人，會說我不一樣了，說我不優秀了。

到底該怎麼辦，只能趕快把那些痛苦再塞進心中的棺材，不知道哪天，我整個人就會被抬進去。

相遇是緣分，離別也算是緣分嗎？是不是就算我們蒼老，心裡都還是會記得曾經的那位少年呢？

大腦提取記憶的那條路被堵住了，

好像自我保護般的遺忘那些過去。

14

青春哪有什麼後不後悔的

我真後悔，後悔遇見你，真的好後悔當初牽起你的手，因為我實在沒有辦法接受我們這樣的結局。

或許打從一開始就是場錯誤，在不對的時間相遇、在不對的歲數相愛，一些不太純粹的親吻與擁抱、那些太過模糊沒有界線的曖昧，我們卻漸漸上癮且墮落。

每個人都曾經歷過很特別的愛、不平凡的愛，我卻堅持想把它走得平凡。我們都知道，跟路上的情侶比起來，我們之間有太多裂痕與深淵，其實我真的很努力，可惜你說了：「我們有緣無分。」

我真的好後悔、好後悔，從那麼早開始就如此喜歡你，到今天、到明天，甚至到好久、好久以後。不是我無法承受你對我說的那些狠心話、不是我不想承認自己的錯誤，我只是不想承認我們兩人的結局。

那些甜蜜、那些快樂，在我的腦子裡轉著轉著，卻不能想念，只能想方設法悼念。

如果你問我，再回到那年盛夏，我在臺南、你在臺北，你剛退伍、我剛畢業：「你還是會選擇再那麼愛

我一次嗎？」

我想：「我會的。」
如果你問我：「這樣的甜蜜與快樂只能維持半年，你
要嗎？」

雖然之後我絕對會面臨巨大的痛苦與折磨，但我會跟
你說：「我要，沒關係。半年就好，這輩子都不會忘
記。」

並不是後悔「愛上你」，而是後悔沒有提早發現自己
那麼愛你而已。青春，哪有什麼後不後悔的。

並不後悔愛上你，

　　只是後悔沒提早發現自己那麼愛你。

15

我們都不可能參與對方的過去

不知道從哪一節悲劇開始，看自己真的就是一場災難，我應該說自己是一顆災星，還是一顆流星，掉在亂世又生不逢時，我沒有答案。

但最近發現最令人難過的，是那些受過傷的地方，我不但不堅強，還不努力保護它，稍微有人不小心碰到，我便對那無辜的人張牙舞爪、歇斯底里，好似他做錯了什麼。但他確實什麼都不知道，只是我自己無法正視那些舊傷。

我們都痛恨某個人曾在自己身上烙下無法抹滅的傷痕，但後來，也只是奮力警告周遭的人：不要碰到、不能碰到、不准碰到！好似那個傷痕無比偉大，任何人都應該對我的傷疤小心翼翼，現在想想真是荒唐，沒有必要如此。

要重新相信這世上的人，不是每個人都會在同樣的地方撒鹽，真的很難。剛跟X在一起的時候，我常跟他說以前誰如何對我，希望他別對我這個樣子。聽起來很不公平，對吧！理性來說，我們能做到的就是傾聽、理解，再傾聽，因為永遠無法參與對方的過去，所以希望盡量避開彼此的痛處。

但事實上，**更應該努力的，是讓雙方慢慢忘記身上疤痕帶來的痛苦，我不用避開，你也無需掙扎。**

每個人都有自己的底線，自己不能碰到的那塊。簡單來說，就是曾經有人這樣對你，結果是不好的，以後便希望別人別再這樣對你。因為以過往的經驗判斷，它會走向不好的結果，這很合理。

但對身旁的人而言，不一定每個人都曾經歷過、每個人都被這樣傷害過，所以理解與傾聽並不是義務也不輕易，這本來就是一件需要努力學習的事。

為了理解對方過去的痛，

學習傾聽、理解，再傾聽。

16

謝天謝地，這是最好的我們

小時候的相信或許不需要什麼勇敢，管他的利益關係、管他的互利共生，我就是喜歡你，而你就是喜歡我。

第一次全心全意愛一個人的時候，那種天真與爛漫是世界上最純潔的天賦，溫柔與真摯，是長大過後無法再有勇氣重拾的遺憾。

下一次愛人的時候，多了好多保留與顧忌，為了自己不完美的那面、自己心中最醜陋的那面，加了好多覷腆與祕密，多了無盡的比較，什麼東西都要放在秤子上量一量。

總是擔心自己是比較愛的那一方，但愛，又怎麼比較呢？愛多愛少終究還是想要與你在一起。

想了很久，如果在你十八歲的那年相遇，我們會是什麼樣子？那時的我們清澈且透亮，站在世俗面前所向披靡，**但卻也只是兩個不曾經歷失去與心碎的孩子，不懂得一份真摯的感情放在手心上，握得太緊會化開，擁得太輕會飄散。**

或許，現在就是這樣剛剛好的年紀吧！你正青春、我正綻放，願你在我的綻放裡永遠青春，願我在你的青春裡，永遠綻放。

你愛我，早就賭上了今生今世對於愛情僅存的勇氣；而我愛你，也早已準備好面對愛你會帶來的變數。

或許不是在最好的年歲，

　　　但謝天謝地這是最好的我們。

17

麵包與愛情

麵包與愛情的問題，即使別人沒問過，你也一定曾經
想過。

以前在跟朋友討論的時候，所有人都是堅定的選擇麵
包，毫不猶豫、絕不遲疑。不知道是我還沒到達一定
的年紀，又或者我真的還沒有落魄街頭，所以這個
問題直到現在，我的答案一直都是：「**麵包我會自己
買，但愛情從不在我的價目表上。**」

曾猶豫過很多次，要不要讓感情干擾我正在做的事、
阻擋我想要去的地方，我也做過很多不一樣的選擇，
選擇過愛情甚至友情，也選擇過自己。

直到今日，我選擇的所有感情都已離我而去，甚至失
去了你們所想像不到的一切，但我並不後悔。不知道
為什麼，或許曾經憎恨，但後來我只後悔我的憎恨。

我們都曾想擁有天高地遠，但最後，沒有什麼能比誰
陪我天長地久來的幸福。

希望這輩子的我們，

永遠不需選擇麵包或愛情。

18

海邊的回憶

你從來沒有問過我為什麼喜歡去海邊，我也從沒想過
要告訴你。但這件事現在對你來說也不重要了，所以
提起這件事，無關傷心、無關想念，而且，也與你無
關了。

如果今天有人問我，要上山還是下海，我會毫不猶豫
的回答「海邊」。

喜歡沙子的柔軟、喜歡被浪打在臉上的痛快，我也
喜歡孩子，看孩子在海邊奔跑、堆沙，偶爾嗆到的哭
鬧，並迎著下個浪來的毫不退縮。

雙手拎著鞋子、身上全是沙子，頭髮被海風吹得花
俏。你知道嗎？因為所有關於海邊的回憶，都是快樂
的。我也曾經與你，一起在海灘上走著，一步一步，
柔軟的寫著我們的快樂。

這是曾經的我們，與現在無關。

關於追逐夕陽、關於在沙灘上寫字、關於曬黑、關於
泳衣、關於潛水、關於衝浪。

昨天我去了一趟海邊，騎了好遠的路、拍了好多的照
片、道別了夕陽、親吻了浪花、擁抱了青春。
現在，終於找到了一個陪我去踏浪的人。

道別過去的回憶，

　　現在我找到了一個一起去踏浪的人。

19

你喜歡什麼樣的男生？

「你喜歡什麼樣的男生？」那天，她無意間問了我。

不知道是從什麼年紀開始，我們在心中建立起一個模樣，非常肯定、非常具體的，我就是喜歡那樣子的人。

我舉起雙手，在前方比了比畫面：「大概就是這個樣子。」

對於那個人的想像，很清晰、很實際，比如說女生最常講的，身高一定要多高、對方穿衣服的風格、喜不喜歡吃甜點、要霸氣還是要溫柔、喜歡書生還是陽光男孩等，或許是偶像劇看太多吧！總認為自己會愛上那樣子的人。

明明沒有愛過。

生命中會遇見很多人，每個人都會帶給自己不一樣的浪漫與成長，很多時候會發現，從沒想過自己需要這樣的擁抱，對方卻驚喜的給了。也才突然明白，自己原來需要的是這種愛。

很多人會帶給自己超乎想像的需要，**我們總是習慣在地上畫一個圈，圈裡寫著各種條件，但最後發現愛上的他，都是這個圓以外的人。**

他或許不符合我們曾經設定過的各種條件，但愛不愛從來就沒有理由，就像快樂這件事，從來都不需要藉口。

小時候腦海中想像的那個他或她，或許會記著一輩子，在腦海裡留下一個淡淡的輪廓，但身邊的那個他，在心裡、在眼前，真實且摸得到，一個清晰的臉龐，還能緊緊擁抱著。

愛不愛從來就沒有理由，

就像快樂從來都不需要藉口。

20

能放棄所有追求幸福的可能嗎？

最近一直在想一件事，我到底應該先學會包紮，還是先學會不要受傷，還是我已經不會受傷了？

前幾天晚上，這個問題讓我想得很心煩，輾轉反側，到天亮還是沒有一個頭緒。我不想受傷，我真的不想受傷，我不想要再次經歷相識、曖昧、戀愛、分手、道別，我什麼都不想要。但這句話，是不是等於我不應該愛你。

反覆拉扯，搞得好像我可以控制愛不愛一個人，一片一片的剝著花瓣，愛、不愛、愛、不愛……，數到「不愛」，就可以不愛你嗎？還是數到「愛」就可以多奮不顧身。

我是個急性子的人，不喜歡事情懸在那兒搖擺不定。人們總說曖昧的時候是最浪漫的，但對我而言，這也是最痛苦的。

明明好像快要抓住對方了，但卻碰不到、摸不得，不能確定他到底是不是我的，我也不能坦然的把自己全然交付給對方，雖然曖昧令人上癮，不過只要不夠肯定，再小的機率都有可能發生變化。

眞想坐上時光機，來到我白髮蒼蒼的年歲，現在就想知道最後是誰牽起了我的手、接住了我的餘生；還是我只有孤零零的一個人，回憶著誰。

反正現在年輕人談戀愛的方式千奇百怪，什麼樣的相處方式都有。

在跟 X 交往之前，我常常跟高中同學 C 分享我們曖昧中的小小興奮與快樂，但每次在我分享完我們的故事之後，C 總會淡淡的跟我說，你現在越快樂、越幸福，之後分離的痛苦就會越強烈，提醒我不要太輕易墜入戀愛的深淵。就連 A 也常常叫我要清醒些，不要單身久了就想找個人陪。

每個人都叫我對愛情小心翼翼，但愛與不愛、幸福與不幸福，眞的是理性的問題嗎？

如果不再愛的話，就沒有幸福的可能，也不會有受傷的疑慮，但有人眞的能放棄追求一切幸福的可能嗎？

所以，你覺得，我應該先學會包紮，包紮每一顆可能因愛情而受傷的心；還是不要受傷，不要去承擔任何

受傷的可能。

還是在跌倒的剎那，你會扶住我，告訴我，我不會受
傷、不要擔心。

到底該先學會包紮，

　　還是先學會不要受傷？

在遺憾與夢想之間

生命中總會遇到一些人，註定要遺憾。

明明知道會遺憾，卻還是決定要一起走過一段歲月。哪怕知道道別的那一天，彼此要付出多少的代價、多少的眼淚、多少的空虛。

但我是這樣想的，生命中認識的任何人，都能為我們帶來不一樣的衝擊與想法，或許會因為彼此而找到人生中更重要的目標。也或許，沒多久的以後，我們會在不同的地方相遇，在不同的地方跟現在一樣，有說有笑。

在遺憾與夢想之間，能不能有其他選擇。

生命中總會遇到一些人，註定要遺憾。

22

真正愛自己的人

我只能尷尬的跟他一起笑著，不知道是出於捍衛自己的自尊，還是愛，窒息的、致死的、自以為的那種愛，甚至是虛榮的愛。虛榮，這個詞或許更貼切一些。

愛情從來就沒有誰欺騙了誰，我們只會看見自己想看見的，用自己希望的方式解讀對方的訊息，再找一大堆理由解釋那些百思不得其解。由此杜撰了自己的烏托邦，當然有一部分的人從此幸福快樂，畢竟有一句話說得很對：「無知的人最幸福。」

偶爾很親近的躺在一個人身邊、看著一個人，心裡也不禁會懷疑：「真正愛自己的人，會這樣做嗎？」、「真正愛自己的人，是這樣看著自己的嗎？」

就算再怎麼樣不想，不想去探究這件事的答案，但**心裡一直都明白，真正愛自己的人是什麼模樣，只是不願承認、不願用那些支離破碎的真相去拼湊這個事實：「你不是那個人」的事實。**

愛情從來就沒有誰欺騙了誰，

只是我們選擇了自己想看見的。

青春：
一場飢渴卻快樂的階段性突變

年輕或許也是一件壞事，因為我們還沒有能力成為任何人的家。

「Jeunesse」這個詞是法文的青春，如果要我解釋它，赤裸一點，會說：「**一場飢渴卻快樂的階段性突變。**」**總覺得失去後絕對可以復得，道別後必然能遇見下一個更好的人，所以揮霍、因此浪費。**

以前人們總說兩個相愛的人能遇見，是千萬分之一的機率，怎麼現在的社會，就我的生活來看，卻並不是如此。

你覺得，讓我們的青春畫下句點的，會是一個歲數，還是一段痛徹心扉的感情，一個錯的人。

這幾天身旁比較親近的幾個朋友，都傳了相同的訊息給我，提醒我不要太莽撞的喜歡上一個人，他們知道我容易受傷，又太過心軟，表面講得灑脫，背後卻總一個人哭得徹底。

我確實有點卻步，對於自己此時此刻心裡的平衡感到困惑。

但問題在於，這件事沒有標準答案，在愛情之前，我
想應該等到我能夠認定自己完整、自己很好，好到可
以為自己做一個比較大的選擇之後，再說。

在愛情之前，

　先讓自己完整、讓自己更好。

24

我們真正擁有的，只有當下

人生這輩子不可能什麼都得到，我想是的，但為什麼我們總是要做出會留下遺憾的選擇，遺憾是一種後悔嗎？還是太過貪心，對於所有選擇都想要經歷過一遍。

但算了，昨天的事就別再提了，錯過的他，就別再去想了。

當下的我們，好好走、好好過。

眼前擁有的一切，我們根本從沒珍惜過，因為覺得它一直都在，就像一直以來一樣。

這輩子，或許我們從沒真正擁有過什麼，只擁有一個當下。所以今天，還有你、還有我，我們好好的走、慢慢的過，只有當下是真正屬於我們的。

生命中邂逅的每一個人、擦肩的每一段緣分，都帶領我們看見不一樣的風景、望向不一樣的星空，無論時間長短、無論距離遠近，只要你安好，每一段故事，都有可能繼續寫下去。

雖然未來的日子不知道我會在哪，但這份關切、這份
重視、這份在乎，永遠都在。

永遠都在，你的轉身之後。

生命中邂逅的每一個人，

都帶領我們看見不一樣的風景。

生老病死都與我有關

世界上千千萬萬人，就我們在這裡相遇，是你、也是我。

我不懂為何人們總感嘆著，在錯的時間點、在錯的地方相愛，你知道嗎？能相遇就有多得來不易，若你多走了一步一天涯、我多戀了一粒一沙洲，或許這千千萬萬的愛人裡，就不會留下我們的身影。

你相信嗎？一直以來，我都相信命中註定這件事，我願意相信所有的一切都是最好的安排，現實生活不會太浪漫，不會太恰巧，但卻剛剛好的，只有我跟你。

有些事情，像你，我錯過了便是一無所有。**世上所有的事都能重來，唯獨錯過一個人的機會，只有一次。**

你知道嗎？我不知道這一生，要走過多少與你無關的愛恨情仇，但此時此刻，只想要你這輩子的生老病死，都與我有關。

現實生活不會太恰巧，

但卻剛剛好的，有我、有你。

輯三　人生很難，所以要明目張膽的去愛

那些在這個時代，
裂縫中的事

我們都在每個年紀被迫丟下一點自己，

撿起一些不甘願，像是世故或成熟，

這些逼不得已的成長，

然後，繼續好好活著。

很多人說善良是一種選擇

很多人說善良是一種選擇。思考了很久,這句話似乎無法全然解釋善良這件事。

花了蠻多的時間觀察人們為什麼善良,後來我發現,**只是因為他們投注更多的時間與耐心去瞭解每一個人**,不是瞭解他們的生活或人格,而是瞭解他們為什麼會有這樣的生活,是什麼原因讓他們擁有這樣的特質,然後做了這些常人無法理解的選擇。

當你看著一個人,不明白這個人為什麼做了這些令人費解的行為,對方卻跟你說「我真的沒有其他辦法,真的沒有辦法做出更好的選擇」時,我想,就會懂了。

真的沒有更好的選擇。

為什麼要善良？

曾有人問了我一個問題：「所以，為什麼要善良呢？」我想了好一會兒，回答說：「回過頭就會發現，你會謝謝自己所有的良善，謝謝自己所有多餘的善意、被糟蹋的溫柔，因為那不為任何回報，只為證明自己值得這世界千千萬萬次的善良與溫暖。」

善良是一種選擇，它不是一種必要，但我相信那是你，之所以獨特之處。

曾經就在我人生傷得最深的一瞬間，想朝黑暗走去，想朝心裡最邪惡的那方走去，想牽起心裡的惡魔。我想報復、我想洩憤，但有人制止了我，他說：「你會後悔的。」、「等到時間過了，你會很害怕自己如此邪惡的模樣。」

倘若心裡的善惡是一把尺，從正一百到負一百，多數人都只看過自己負二十的樣子，那就千萬別讓自己因為任何不值得的人，墮落成負一百的模樣，因為善良會回不去，因為那真的，不值得。

千萬別讓自己因為什麼不值得的人，

墮落成負一百的模樣。

世界並不平等

不知道爲什麼，人們總是可以成群結隊的，對一個人或一個族群帶有那麼大的仇恨，有時倒也不見得是仇恨，但卻當成凝聚同溫層意識的玩笑。

很多人擁有的一切來自於自身的努力，努力沒有錯，我也覺得我擁有的一切都來自於努力，但那是因爲我從小被教育要很努力，從小被教育考第一名是理所當然的事，從小被教育除了考第一名以外，食衣住行都不用擔心。

沒有誰比誰高貴，若所有人都生長在一樣的社會、城市、家庭，尤其是家庭，我想很多人就會明白，自己從出生時就站在勝利的終點了。

不要忽視出生即擁有的美好。

04

我們為什麼不再改變

踏出校園後最有趣的地方就是，每個人都在用不同的速度朝各個面向生長，所以會看見所有實際年齡與心智年齡的排列組合。很容易在認識誰的時候、跟誰對話的時候，發現：「啊！你已經凝固了！」就是對方已帶著某種難以改變的特質、某種看待世界的想法，面對現實與未來。

而我也總是好奇眼前的這個人，是因為什麼事或什麼人，讓他心裡的時間，不再流動。

就像是父母親，或是長輩沒辦法接受現代年輕人許多的觀念一樣。他們看待事情、對待感情的態度，就這麼凝結在過去的某個瞬間，某個我不存在的瞬間，不知道為什麼在那個瞬間，他們不再前進、不再批判、不再改變。

對我來說，**世界最殘忍的，便是時間淘汰了人們的彈性、人們的創意**，那些生命中理所應當承受的起伏與躁動，那些波瀾於我而言，是浪漫的、是激昂的、是荒謬卻扎實的。那些挫折是必然的、是熱血的、是確實活著的證明，可惜偶爾我也會覺得，隨著年齡的增長，不再那麼振奮人心。

生日又快要到了，我常跟我妹說，我的生日是四捨五
入算的，舉例來說，就是我要到十八歲半，才會承認
自己已經十八歲，要花半年的時間去適應這個歲數。
所以通常生日過了半年時，是我最焦慮的時刻，因為
不能再繼續厚臉皮了。

昨天跟A聊了一整個下午，我跟他說，我很好奇自己
的人生會凝固在哪一個歲數，但希望我永遠不要成為
自己討厭的大人，最近在擔心這件事，也正小心翼翼
的預防這件事。

希望自己，

永遠不要成為自己討厭的大人。

05

你喝醉了，我長大了

人們喝醉的時候，最能看清一個人苦澀的輪廓，人們故意喝醉的時候，那種生命的沉重，看在眼裡只是更加落魄與難受。

很多人會在喝醉時跟我說些祕密，真的很私密的祕密。有些聊天時會再提到，他們總會非常訝異的看著我，問：「你怎麼知道？」

那個晚上，你把我當成誰訴苦了呢？那些晚上，你把我當成誰說這些祕密了呢？你知道是我嗎？你不知道，但我都記得你說的話，那些我本不該知道的事。

其實有些祕密你們應該藏好一點、嘴巴閉緊一點。你們不記得我聽到的當下哭了，你們不記得那些事我根本不該、也不能知道。

但最後，我只能繼續假裝不知道。

所有事情我早已熟練，所有會發生的事，我也都知道。但沒關係，不重要，我記得所有人清醒的樣子，也記得所有人喝醉酒的樣子，也記得所有人卸下心防悲傷的樣子。我好似趁你喝醉時偷聽到了天大的祕

密，而你趁機對我大肆哭訴了一場，我們這樣算是扯平嗎？

不算吧！你只是硬塞了一些不相關的祕密給我，你只是硬讓我在一個晚上，長大了好多。

我記得所有人卸下心防，

最悲傷的樣子。

06

「成熟」不是一個相對好的形容詞

最近在向朋友介紹自己的時候，講到一半都會突然拉不回現實，停在一個空氣瞬間凝固的地方，突然忘記自己要說什麼，自己在講什麼。

以前的我，似乎可以很輕易的說出自己喜歡什麼、不喜歡什麼；是個什麼樣的人，平常都在做什麼樣的事；我的底線在哪、極限又在哪。但這幾次說著說著，總是頓頓、卡卡的，彆扭彆扭的，好像在講一個曾經的人、已故之人，又或者是我想像中的人。

例如講到喜歡喝什麼風味的酒，以前我總說喜歡喝非常酸的、不要帶任何甜味，若能有點茶香為基調是最好的。但現在當我在講這句話的時候，心裡總是想著，其實甜的、苦的好像都可以，水果風味也好、花草風味也罷，能喝就好。

我跟朋友說，似乎在極短的時間內，我把所有互斥的技能都點滿了，像是能夠對所有人逢迎拍馬，也可以瞬間理直不屈；能夠振振有詞，也可以避重就輕。反正所有在這社會上的「生存之道」，都學會了。以前爸爸常念我的那句話：「你出社會就知道了。」這下可是真的知道了。

就像小時候人們常誇我成熟懂事一樣，但我並不覺得
「成熟」是一個「相對好」的形容詞。很多時候，
**「成熟懂事」只是我們最後的選擇、被迫的成長，因為
看見了很糟的事、遇見了很糟的人，所以沒辦法，只
能用長大的樣子去面對。**

對吧！如果能一輩子當個小孩有多好，寧願大家說我
調皮、活潑、不懂事。

反正所有在這社會上的「生存之道」，

我都學會了。

07

虛榮的附加價值

我們都會在每個年紀被迫丟下一點自己，撿起一些不甘願，像是世故或成熟，這些逼不得已的成長，然後繼續好好活著。

大學的時候，有一次在宿舍裡，我跟J說：「不知道為什麼我的人生總是大起大落，不是大好就是大壞。」難道是因為我就是一個說故事的人，還是看事情都太過深刻，有知有覺的，讓每件事都刻骨銘心，越想越粉身碎骨。

認識的人變多之後，也莫名其妙的發現跟更多人拉起了線，越拉越多、越拉越密，複雜又互相拉扯、纏繞、糾葛，利益關係也好，曖昧不明也罷，原來一個眼神、幾個肢體動作，就可以代表那麼多事，就能掀起那麼多風花雪月。

大人的世界真複雜，連什麼時機要開始醉，都得把握得當。

你們都怎麼過生日呢？或者十八歲以前，你都是怎麼過生日的？大學的時候，又是怎麼慶祝的？出社會之後、現在呢？都跟誰一起過，誰還記得你的生日？

幾個月前的一個星期五晚上，參加了H的生日派對，其實我是個非常怕生的人，所以幾乎任何四人以上的活動都不會參加。雖然想起來有些愧疚，但就連大學室友的生日派對，也是能躲就躲。並不是不想祝福或慶祝，只是在那麼吵鬧又快樂的氛圍之中，越想融入、越想失控，我的感受就會越抽離、越單薄。

剛收到邀請的時候，第一時間就拒絕了。以H那種熱愛玩樂的性格，又是人脈很廣的YouTuber，怎麼算到場的人也會超過六十個。而算來算去，我認識的人絕對不超過三個，所以什麼都沒想就先拒絕了。最後在派對的前兩天，我才說會去，原因是我找到了一個跟我一樣焦慮的人，所以兩人決定手牽手一起過去。

跟小時候一樣，在班上至少要有一個朋友保平安。但派對上的事就先不說了。

派對結束大概是凌晨一點，一群人走在夜深人靜的臺北，不想要那麼快感受到孤獨，所以能拖一分鐘是一分鐘。沒想到最後，我竟然是那個拖最久的人。我跟H兩個人走在回家的路上，手裡拿著啤酒，繼續喝、繼續聊。

終於快到H家的時候，他卻突然哭了，蹲在他家樓下，我有點不知所措。這個晚上的情緒對我來說已經夠轟炸，這一哭，剛剛發生了什麼都不真實了。

「為什麼哭呢？」

我真的不明白，七、八十人來為你慶祝，人多到餐廳容不下，禮物更是多到完全記不清誰送了什麼，堆在餐廳的某個角落，像是一堆垃圾。而現場節目與餐飲的所有安排，更是沒讓任何人失望。所有的人不是沉醉就是太醉。他為什麼哭呢？我到底錯過了什麼，心中很納悶。

H：「他們當然會來。」
我：「什麼意思。」
H：「這就是我的價值啊！他們來我的派對，可以認識像你這樣的人，可以認識平常認識不到的人，拍照、打卡，炫耀自己認識某個知名的藝人、YouTuber。而女生互相標記，上傳Instagram、YouTube甚至TikTok，這不就是很多人來的目的嗎？」

這就是現在社群媒體存在的目的嗎？現代社會這些虛榮的附加價值啊！

那是我第一次明白，辦一場如此盛大的生日派對，不見得是件值得嚮往的事。

從小到大，一直很羨慕那些生日有一大群朋友慶祝的人，擁有十幾個甚至幾百個人的祝福和禮物。一直以為這是件很光榮且幸福的事，沒想到對於一個透徹的人來說，是那麼不容易。

或許有人會說：「那就不要辦生日派對。」

但他也確實得到了祝福與快樂，人們要怎麼利用他的價值，並非他能控制。如果今天沒有人要利用了，這是好還是壞呢？

我不知道。

我們都在每個年齡被迫丟下一點自己，

撿起一些不甘願。

08

開放式關係

最近我跟K很喜歡討論「占有」這個問題。

K問我：「人們為什麼要占有？我愛你，為什麼一定要占有你，很多人都崇尚『你只屬於我、我只屬於你』這種美德，為什麼呢？有必要這樣嗎？」

第一次聽到這個問題時，我好像進入不了狀況，K是我認識的第一個追求開放式關係的人。

所謂的開放式關係（Open Relationship），就是兩個人維持戀愛、伴侶，甚至是婚姻的關係，但不排斥另一半與第三者發生性關係或者是曖昧關係。當然，雙方會建立一些彼此共同認定的規則，只要在這些前提之下，雙方都可以不過問與其他人的關係。

我出生在一個非常平凡簡單的家庭，所謂的東方傳統家庭。大學畢業之前，我甚至從來沒聽過這個詞彙，一下子世界多了那麼多種生存方式，連身旁的每個人都用不同的規則在運行著，真的讓我不知所措。

我沒有任何鄙視，也沒有任何崇拜，只是心中突然失去評斷任何事的標準。

我不知道，我真的不知道。

想了想上一任男友對我做過的事，再到現在，有什麼東西我真的確實擁有過嗎？又或者換種說法，我占有過嗎？而我又能如何確定呢？

K說，他還是會想交女朋友，他願意跟一個人維持長期穩定的戀愛關係，但他也沒辦法控制自己對於其他異性的好奇，並不是出於「性」的問題，而是他對於陌生的異性，總是會有想要更進一步認識對方的衝動。他享受每一段曖昧不明的關係，喜歡深夜跟任何女子探討所有人生會遇到的問題，思考對方的價值觀，然後提取對方的優點，讓每個人的故事成為自己的經驗。

所以他跟目前的女朋友相處的方式是這樣，在一個星期當中，他們可以見一天，也可以見七天，如果今天對方說要去看電影，他不會過問是要跟誰去、幾點回家，共識就是不欺騙、不逃避，若對方問了，就得誠實說出口，而另一方要坦然接受自己所聽到的事實，

這種戀愛方式或許比較前衛，在臺灣社會還是相對少

數，大部分的人更是嗤之以鼻、無法接受，但我不能因爲比較少人這樣做，就認爲這是錯的，只是聽起來有點新穎，一時之間我還無法給予任何回饋。

不知道這種戀愛模式，會不會超出許多人的理解，可能有些人一輩子都不會認識一個像K一樣的人，但在我的周遭，因爲生活在非常多不同的圈子，在某些圈子裡，身處開放式關係的人比例非常高。

回到原本的問題，「占有」或許一樣會衍生很多問題，但「占有」這件事本身也不是錯的。

說實話，它只是比較簡單、比較好分辨善惡、比較好理解的一種方式。就是「有」或「沒有」的區別，沒有任何灰色地帶。

類似於他就是「你的」或「我的」；而開放式關係大概就是把「你有的」到「我有的」分成一百份，依據不同情侶共識下的規則，看對方能接受的比例是多少，像是你擁有最多，但其他人也有一部分。

每個人的選擇都不一樣，故事自然也不盡相同，有些

人瘋狂、或許犧牲、可能傻氣、偶爾衝動，我們有可能落淚，也有可能幸福，但我想，**不管最後選擇了哪種愛的方式，都要願賭服輸且心甘情願。**

在愛裡，我們有可能落淚，

也有可能幸福。

若我們今天分手，我也能全身而退

前陣子看到一篇文章寫著，現代人談的愛情都是：「若我們今天分手，我也能全身而退，在明天完好如初。」的那種愛情。

這不是任何人的錯，是世代的痛。

前些日子L跟她男友分手，兩個人中間的問題也是半年前就出現端倪，雙方心裡也早就有底，只是都在等一個時機罷了。結果半年後真的分手了，L也為此請了好幾天的假，請假就算了，還跟老闆說因為失戀所以要去浪跡天涯，因此要：「辭職。」我聽到的時候，真的只能說：「有本事。」

幾天前我與A分享了這句話，他對我說：「這樣全身而退的愛情，還叫愛情嗎？」。

我說：「現代人似乎沒有時間考慮這個問題。」
他問我：「**你會選擇一段權衡利弊的愛情，還是一段純粹因為愛而愛的愛情？**」

這個問題的答案，對大部分的人而言，只要成年了、畢業了，幾乎都是選擇「一段權衡利弊的愛情」，在

考量過對方的家庭背景、個人興趣、經濟狀況、生活習慣等因素之後，確定這個人「不會對自己造成太大的傷害」或者「不會對自己的生活帶來負面影響」，甚至「投入的時間與金錢不會被辜負」等，再決定與這個人交往。

現代人的生活太匆忙，沒有時間哭泣、沒有時間失戀，「愛」這個字好難，所以我們只能用一些比較簡單的詞彙詮釋，例如：「陪伴」、「安慰」、「快樂」，讓事情簡單些、讓自己愚蠢些，就像是：「我只是想要一個人陪伴。」、「他在我最難過的時候給了我安慰與依靠」、「我覺得跟他在一起是快樂的。」等字句，簡化掉愛這個複雜的字。

我到現在依然是一個只選擇「純粹的愛」的人，但也曾有過無數個夜晚，發現自己的愛情終究贏不了麵包。我很好奇，到底最後我會不會因為什麼人、什麼事或什麼原因，讓自己不再因為愛而愛。

是年齡嗎？還是某個錯付的人。

輯四　那些在這個時代，裂縫中的事

這樣全身而退的愛情，

還叫愛情嗎？

10

故事的結局

女孩走了,她只能把他留在原地。

其實她猶豫了好久好久,她真的不忍心也不放心,對男孩與女孩來說,最痛苦的還是她,她從沒想過要把他留在這裡,一個人離開。

起初,女孩在路上看到男孩的時候,他孤零零的一個人坐在地板上,沒有任何表情,女孩走上前,他們玩得好快樂、聊得好開心,於是女孩決定帶男孩一起往前走,男孩也同意了,往同一個方向走去。

男孩很努力的跟上女孩的腳步,很開心的跑著、奔著,啓程的時候他們活力充沛,相信前方有無限可能、有無盡美好,但漸漸的、慢慢的,男孩感到有些累了,有時候坐在原地哭鬧,有時候就是站在那兒生悶氣,女孩又拽又拉的,她不知道該怎麼辦,男孩越來越無理取鬧,女孩也只能歇斯底里,最後兩個人都站在原地,一動也不動。

他們在原地待了好久,最後,女孩還是站了起來,拉拉男孩的小手,問他要不要繼續一起往前走,男孩說他不要,不要就是不要。

女孩拉不動他，也沒資格拉他，她只能放下。

女孩說，往後一定還會有其他女孩會路過這，或許那個女孩會跟男孩在原地玩耍一下，繼續朝著她原本的方向走去，也或許會有個女孩，再次拉起男孩的手向前奔跑。

也可能有一天，男孩突然就站了起來，拼命追趕，只為了追趕上之前的那個女孩，可是女孩已經走遠了，一天一天的往前走，雖然走得很慢，但一分、一秒，他們的距離只是越來越遠。

或許哪天，他們會再次相遇，但青春這一別，便已恍若隔世。

11

貪婪

一直覺得人們最大的弱點，便是渴望與欲求，當你奮不顧身想要些什麼的時候，儘管理性上認爲有多麼不合理、多麼不眞切，你還是會在現實被打碎之前，奮力一搏。

明明可以預知那些代價、一定會冒的風險、必定會傷得不成原樣的自己。

明明都知道，但我們還是會失控的向前追逐，試圖抓住不切實際的欲望、不切實際的遠方；明明有多麼不切實際，我們還是會厚著臉皮想像自己擁有的畫面，自己或許會快樂、自己或許會幸福的樣子。

很討厭聽到別人說「不切實際」這幾個字，因爲許多事情你根本沒有資格評論別人的能耐、別人的可能性，**但連自己都說服不了自己的企盼，那麼「不切實際」這幾個字，倒是用得貼切。**

走過欲望像是越過浪尖、看過風塵才懂知足常樂。

不知道你是不是也繞進了哪個欲望的胡同，或許你想被愛想到衝動了、想被哄想到魯莽了，想要什麼想到

無法自拔了。

一切身外若值得，也是因爲你本身就值得，才襯得起
那些來來往往的過客。

當你看見自己徹底迷失在貪婪裡，

才會發現理性有多麼微不足道。

12

世事無常

世事無常嗎？想來想去，倒也覺得世事如常。

以前總把那些悲歡離合，陰晴圓缺，又或者是人生的跌宕起伏，成功與失敗，歸類於無常裡，悲喜無常、福禍無常、成敗無常。總在結果落得出乎意料的糟糕時，感到無助與消沉，但想著想著，何必驚訝呢？又何必感嘆呢？

別離本就常態，挫敗當然可能，把一切看成人生的一趟過程，所有插曲的出現都理所應當，也就不會感到那麼落魄了。

如同月亮一個月總會圓一回，但一個月終究也會缺一次。**順逆相承、得失相應，也就對人生現在所擁有的與失去的一切，感到心平自在了。**

生活怎麼可能一路順遂？世事怎麼可能如我所願？天下又哪有白吃的午餐呢？想著自己一路走來所選擇的選擇，一路引領自己走到今天。雖然偶爾還是會羨慕別人所擁有的、貪心自己所沒有的，但若人生可以再選擇一次，我應該還是會走到現在這個地方，那就沒有什麼好哭泣的了。

羨慕當然還是會羨慕，能偷懶當然還是好想偷懶。但想著一路上，並不是只有成功能帶給自己成長，自己在任何階段其實都留下了一些，想珍視的人或者想珍愛的回憶，也就真的毫無畏懼。

或許別人努力的時候我在偷懶，別人讀書的時候我在談戀愛，但過去都不再重要，一切的一切成就了今天的我。**很多價值是難以放在數值上估量的，自己能夠肯定自己的價值，便足夠了。**

世事無常嗎？要說無常的話，無常才是正常吧！這也成就了我們的日常。

別離本就常態，

挫敗當然可能。

13

真的會被世界丟下嗎？

用幾個詞彙總結這三五年轟轟烈烈的大事，例如：加密貨幣、NFT、烏俄戰爭、新冠疫情、AI、ChatGPT等，這些事情就像是早市，太陽一出、時間一到人們瞬間湧入，但到了中午，一哄而散。

人們汲汲營營的跟上這些潮流與時代，看報紙、學課程、買書籍、請老師，每天不斷的更新最新資訊，就怕自己被這個世界丟下，但我們真的抓住了這個世界嗎？又真的會被世界丟下嗎？

因為疫情還有科技的關係，這幾年線上學習課程蜂擁而起，好幾個網路名人的課程一出，就是幾千、幾萬人報名。而國外work-life balance的觀念持續影響我們，每個人都希望在下班或休息時間擠入一些課程，似乎人生才有些長進。如果生活只流於工作還有舒適圈，好像就有點罪惡感，但那顆報名課程的心，到底有多大比例是因為大家都去報名了，所以我也該去報名，不曉得。

還記得K跟我說過一個很重要的觀念，在他創業的近十年中，因為創業非常困難，一定會碰上各種不曾料想到的問題，但你一定要讓公司「系統化」的運作，

所有問題便能在同樣的系統裡得到解決。

支離破碎的學習了一大堆「資訊」，甚至無法稱之為「知識」，卻沒有時間或機會系統化的輸出。於是，這些資訊最大的作用，**似乎只是消弭我們當下落後他人的焦慮感，對於未來，甚至學業、工作或人生規劃，沒有任何實際的幫助。**

這是一個碎片化的時代，我們努力的用碎片瞭解世界上的每一個角落，就好比三小時的電影，被三分鐘的短影音精華取代，這樣三個小時的時間，就可以看六十部電影。但我們真的看清了這六十部電影的全貌嗎？真的能比得過深入看完整部電影的人嗎？

「系統化的輸出」是大部分的人需要學習的能力，而什麼是「系統化」？

所有的學習都應該擁有一個共同的終極目標，這些學習可以彼此獨立在不同的領域或專業，但又能透過人們的整合與思考，使其相互產生關聯性，進而走向我們的最終目標，讓所有的學習有時間與機會「輸出」，才能讓這些資訊內化成為知識。這也是為什麼

有些人可以發展出副業，有些人卻什麼都會一點，但
又好像什麼都不會，無法建立出一套完整作業模式的
原因。

**資訊終究是過客，而流於資訊的我們，終究也只會是
世界的過客。**

我們必須將碎片拼起，

才能瞭解世界。

生活中努力的方向是為了什麼？

我終於想通了好友Z為什麼那麼喜歡去夜店。

起初，我跟Z也是在夜店認識的。認識他之後，發現他嘴巴上說不喜歡那麼吵雜的地方，但偶爾還是會偷偷地背著所有人去夜店玩耍一夜。甚至瞞著他的女朋友出去喝酒，而喝酒會誤事，理所當然。

我問他為什麼要這樣欺騙女友？他說不知道，或許只是因為一群男生的慫恿，當然，不管他說什麼，這都是渣男的藉口。

他說，他會開始去夜店，是因為第一任女朋友的背叛。他和第一任女朋友從高中開始在一起到大學，整整五年的時間，他們一起讀書、一起上學、一起工作、一起生活，但到最後一年，女方常常跟朋友出遠門，一去就是好幾天不回來，甚至偶爾說要跟朋友通宵讀書，乾脆住在朋友家。起初他沒有任何懷疑，直到看見他與女方共享的雲端上，有女方和其他男生的合照。

五年的感情太深刻，他說那陣子他常常站在學校的頂樓，想著是不是跳下去，一切的痛苦就可以結束。之

後他手機、錢包什麼都沒帶，只帶了一個小背包，徒步從新竹走到臺北、走到宜蘭，沿途累了就睡公園，下雨天就想辦法在廟裡躲雨，最後還是家裡通報了失蹤人口，才被警察從公園帶回。

後來因為朋友說要帶他去見見世面，便開始頻繁來往於酒吧、夜店。他發現自己在這些地方還算有點市場，不論是身高還是長相，只要站著幾乎都會有女生來主動搭訕，曾經他連正眼都不敢看女生一眼，現在這些女生竟然主動上前親他、抱他，原來大人的世界是這樣的，那年他二十歲。

起初我認為他只是習慣於這些聲色場所，又想報復前女友帶給他的傷害，所以沒辦法定下來，但聽來聽去，卻又覺得沒有那麼單純。

因為原生家庭的關係，保送上大學之後他便半工半讀。早上五點必須起床，六點到校，下午五點下課必須去打工，直到凌晨深夜。扣掉工作與學習的時間，他只剩下幾乎不到六小時，但他還是選擇通勤一小時回到跟女朋友同居的家。

漸漸的，女友認為男方陪伴她的時間太少，開始與其他異性相處。起初只是一起複習功課，不知不覺卻發展成為朋友、戀人，所以出軌。第二任女友也是一樣，因為工作關係，這一次他轉調到了高雄，一到五的時間他住在高雄，一到假日他便立刻趕回臺北與女方見面。結果有一次他提早放假，想回家給女方一個驚喜，卻發現家裡有其他男人的鞋子。最後是他這個沒有做錯事的人，被轟了出來。

故事聽起來很遺憾沒錯，但這無法構成從被害人變成加害人的理由。在一次次與他的對話中發現，他確實走不出這些傷痛，但他更需要其他人的鼓勵與肯定，似乎在夜店那些女生對他投以的欣賞眼光，是他成就感最大的來源。

在一次在對話中，他說了一句話：「但我家就是沒錢讓我讀書。」我瞬間就明白了。

他並不是在解決前女友所帶來的創傷，他只是在跟那些女人歡愉的過程中，透過愛慕的眼神與字句，才能彌補原生家庭所帶來的自卑。

因為家庭的關係，從小他們便靠著政府的救濟度日。
身為家中的長子，十八歲上了大學當然要開始工作，
以便支付學費還有補貼家裡的開銷，照顧家裡年幼的
弟妹。

後來因為急需金錢，大學也沒辦法畢業，他把一年
三百六十五天、二十四小時的時間都投入到工作中，
只希望能讓家裡已經快要無法工作的父母早點退休。

說到女人以外的事情他都很自卑，其他不論是學業還
是工作，一無所有。一直以為他在拯救被前女友傷害
的自己，但結果不是。終究是小時候那個無法讀書，
只有家裡經濟不佳、父母喝酒鬧事所造成的自卑感。

再說一次，我不認為這就是他辜負現在女友的理由。

不過，他真的知道自己在拯救什麼嗎？

「長大」最明顯的時間，就在大學畢業後出社會的這
兩年，人們的個性會突然很明顯的停滯在某個狀態，
而心中的執念會變得很強烈。

有些人特別執著在金錢，有些人則是執著在社群版面上所呈現的光鮮亮麗，他們覺得賺更多的錢，就能彌補自己心裡的空洞；把自己打扮得更漂亮，就能讓自己過得更幸福、快樂。

但我們真的知道，自己需要被拯救的是什麼嗎？

《渺小一生》的作者柳原漢雅（Hanya Yanagihara），在一次訪問時曾經說過：「我們只跟世界征戰過一次，在童年，餘生僅僅是處理那次征戰的結果（We survive the world once, as children, the rest is just coping.）」。大部分的我們並不瞭解自己心裡真正的缺口在哪，以為金錢就可以填滿的空虛，說不定是缺愛；認為另一半可以填補的幸福，說不定需要父母親來給予；總覺得生活再努力都感受不到快樂，或許是我們真的努力錯了方向。

知名心理學家阿德勒（Alfred Adler）曾說過：「幸運的人用童年治癒一生，不幸的人則用一生治癒童年。」當然，不是每個人最根本的問題都來自於童年，但不得不說童年與原生家庭，是影響一個人最多的根本因素，**我們是不是應該探究自己內心深處最根**

本傷痛的原因，才能前進與成長。

如同現在正準備前往哥倫比亞大學的我，正思索著自己為什麼需要且想要追求這個學歷，而我是否能使這個學歷發揮最大的價值，這個學歷是否能解決我一直以來，對自己大考失常的痛與夜夜難寐，是我最近的煩惱與省思。

生活再努力都感受不到快樂，

或許是真的努力錯了方向。

15

我們這一生，不過十年

不明白人們為什麼總要放棄夢想，雖然不是指那種真的非常偉大，拯救宇宙的夢想，就談談最普通的願望吧！

我不懂大人為什麼沒有願望，就算是獨自一個人去旅行，或者遞上辭呈去試一試自己喜歡的工作，都需要猶豫一年半載，時間久了也早已遺忘當初的熱情。

其實這麼說也不對，柴米油鹽還是基本，沒有生存哪來生活？但對一個剛出社會的年輕人來說，「放棄」的成本真的太低了，甚至趨近於零，我們隨時可以放棄「做自己」，也隨時可以放棄「討好別人」，甚至在新臺幣面前，「放棄夢想」這件事對年輕人來說不一定那麼困難。因為我們還不懂得「難能可貴」，什麼是「放棄了就再也要不回來」。到底在這個世代，有誰能夠確定這兩件事？

前陣子，聽到一個很有趣的演講，主要是說人們這一生的時間，大概不過十年，是什麼意思呢？

或許我們總覺得能活到七老八十，許多事情可以留著以後再做，但想想我們能夠選擇的人生，根本就沒有

那麼多年啊！

從牙牙學語到義務教育畢業，就這樣懵懵懂懂的過了十八個年頭，現代人多數會選擇再攻讀大學與碩士，畢業後也就二十二、二十四歲。接下來，便因為經濟壓力拚命找了份工作，朝九晚五，一年三百六十五天不停的運轉。或許二十來歲到三十出頭歲，還是最自由且、最沒負擔的年紀，沒有家庭也沒有牽絆。

進入三十多歲後，開始思考伴侶與結婚的階段，若選擇結婚，緊接著有了孩子，肩負起家庭的經濟與生活，一直到孩子找長大成人，我們早已五十多歲，而一直工作到法定退休年齡的六十五歲。

這樣說起來，大家的人生是不是都一樣：讀書、畢業、工作、（結婚）、家庭、退休，有多少時間是可以說走就走？**有多少時間是我們能夠放下一切，為自己爭取一次的機會？**

就算是在如此年輕的年華，也不敢輕易放下一切，放棄不喜歡的工作、逃離不喜歡的生活。

眞的要讓自己過得跟別人一模一樣嗎？這漫長的七、八十年，註定得按照這個公式而活嗎？如此千載難逢，我們還能「擁有選擇」的機會，還可以猶豫要不要追尋夢想，眞的要放棄這個機會嗎？

前方的路不一定會更好，但這不就是每個選擇都必須承受的風險嗎？將就於現在的生活也無法保證就毫無風險，我們仍需要承受不喜歡的生活可能帶來的壓力與折磨。

如果有機會，你願意奔跑嗎？朝那未知的國度奔跑。

我想，我是願意的。

因為不管變好、變糟，

起碼，我的人生是我所選擇的模樣。

誰的青春不是被吹得東倒西歪

作　　者｜未秧 Winter

責任編輯｜楊玲宜 Erin Yang
責任行銷｜朱韻淑 Vina Ju
封面裝幀｜Dinner Illustration
版面構成｜黃靖芳 Jing Huang
校　　對｜李雅蓁 Maki Li

發 行 人｜林隆奮 Frank Lin
社　　長｜蘇國林 Green Su

總 編 輯｜葉怡慧 Carol Yeh
主　　編｜鄭世佳 Josephine Cheng
行銷經理｜朱韻淑 Vina Ju
業務處長｜吳宗庭 Tim Wu
業務專員｜鍾依娟 Irina Chung
業務秘書｜陳曉琪 Angel Chen
　　　　　莊皓雯 Gia Chuang

發行公司｜悅知文化　精誠資訊股份有限公司
地　　址｜105台北市松山區復興北路99號12樓
專　　線｜(02) 2719-8811
傳　　真｜(02) 2719-7980
網　　址｜http://www.delightpress.com.tw
客服信箱｜cs@delightpress.com.tw
I S B N｜978-626-7406-70-0
初版一刷｜2024年05月
　二刷｜2024年06月
建議售價｜新台幣360元

國家圖書館出版品預行編目資料

誰的青春不是被吹得東倒西歪/未秧(Winter)著. --
初版. -- 臺北市：悅知文化精誠資訊股份有限公司,
2024.05
　面；　公分
ISBN 978-626-7406-70-0(平裝)

1.CST: 自我實現 2.CST: 人生哲學 3.CST: 生活指導

177.2　　　　　　　　　　　　113005632

建議分類｜心理勵志

本書若有缺頁、破損或裝訂錯誤，請寄回更換
Printed in Taiwan

線上讀者問卷 TAKE OUR ONLINE READER SURVEY

當你足夠努力，
就會一直幸運。

―――――《誰的青春不是被吹得東倒西歪》

請拿出手機掃描以下QRcode或輸入
以下網址，即可連結讀者問卷。
關於這本書的任何閱讀心得或建議，
歡迎與我們分享 :)

https://bit.ly/3ioQ55B